1. Mathematische Zeichen

1. Notieren Sie die Bedeutung folgender mathematischer Zeichen und geben Sie jeweils ein Beispiel mit diesen mathematischen Zeichen.

Zeichen	Bedeutung	Beispiel
+	plus	9 + 8
Aufgaben:		
−		
× oder ·		
:		
=		
≠		
<		
>		
≙		
≈		
Σ		
π		
%		
‰		

2. Ergänzen Sie jeweils das fehlende mathematische Zeichen in den Aufgaben.

a)	27	166 = 193
b)	1 197	9 = 133
c)	596	569
d)	125	von 100 mℓ ≙ $\frac{1}{8}$ ℓ
e)	600	650

2. Römische Zahlen

1. Schreiben Sie jeweils die arabische Zahl neben die römische Zahl.

a)	I	1	l)	III	
b)	IV		m)	V	5
c)	VIII		n)	X	10
d)	IX		o)	XX	
e)	XL		p)	L	50
f)	LX		q)	XC	
g)	CC		r)	C	100
h)	CCL		s)	D	500
i)	CD		t)	CCC	
j)	DC		u)	DCC	700
k)	CM		v)	M	1 000

2. Die Taschenuhren zeigen unterschiedliche Uhrzeiten. Notieren Sie die jeweilige Uhrzeit.

a) ____________________ b) ____________________

c) ____________________

3. Schreiben Sie folgende römische Zahlen als arabische Zahlen.

a)	XXIX	
b)	CCVII	
c)	MMX	
d)	MCMXX	

4. Schreiben Sie folgende arabische Zahlen als römische Zahlen.

a)	1961	
b)	333	
c)	1410	
d)	800	
e)	1648	

5. Auf dem Sockel einer Gedenkstatue in London finden Sie folgende Angaben. Schreiben Sie die Jahreszahlen in arabischen Zahlen.

a) In welchem Jahr wurde Charles James Napier geboren?

geboren:

b) In welchem Jahr ist Charles James Napier gestorben?

gestorben:

c) Wie alt wurde Charles James Napier?

Die folgenden Gleichungen wurden mit Streichhölzern gelegt. Sie sind leider falsch! Legt man jedoch nur ein Streichholz um, so sind sie richtig.

6.1 Schreiben Sie die falschen Gleichungen zunächst in arabischen Zahlen.

6.2 Berichtigen Sie die Gleichungen jeweils durch Umlegen eines Streichholzes.

a) 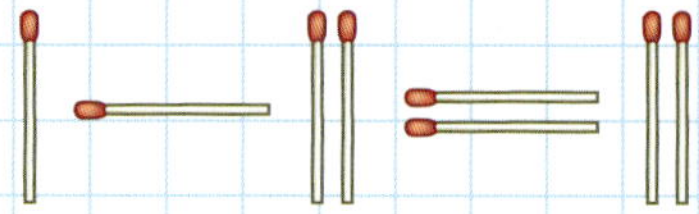

1 – 2 = 2

b) 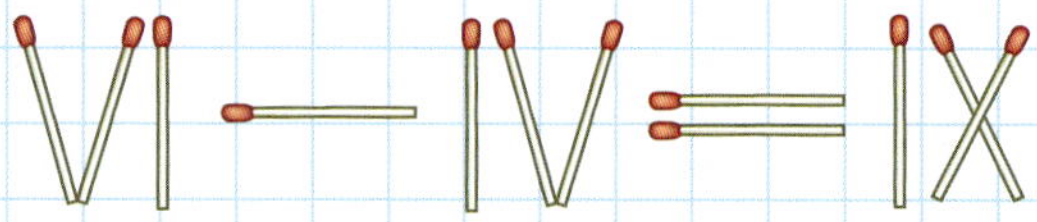

c) 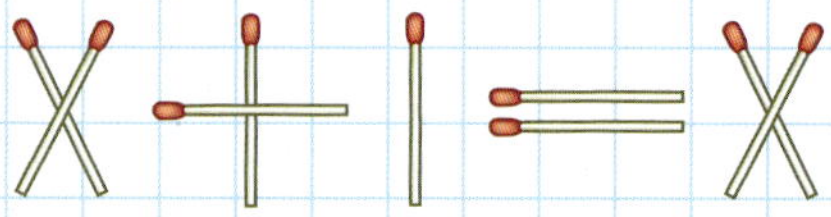

d) 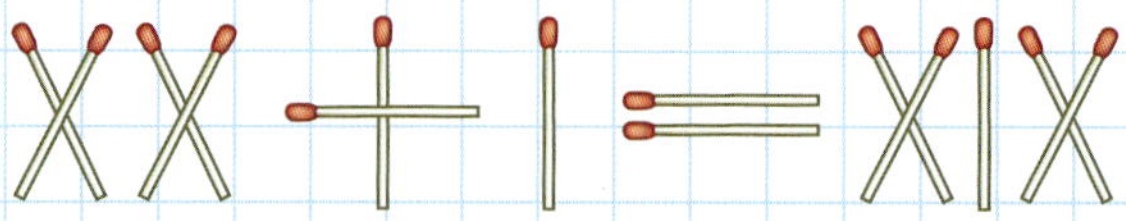

e) 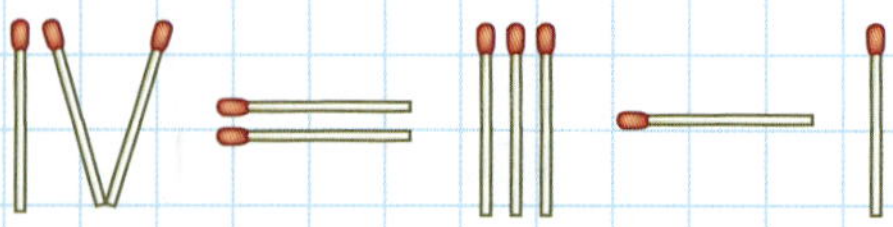

3. Taschenrechner

1. Notieren Sie die Bedeutung folgender Symbole des Taschenrechners.

a)	On	Einschalten (Beispiel)
b)	=	
c)	×	
d)	÷	
e)	+	
f)	–	
g)	MR	
h)	MC	
i)	%	
j)	M+	
k)	M–	
l)	·	
m)	C	
n)	Off	

**2. Lösen Sie die folgenden Aufgaben mit dem Taschenrechner.
Notieren Sie dabei jeweils die Tasten, die Sie für die Ermittlung der Lösung drücken.**

a) $(2{,}17 \cdot 1{,}23 + 1{,}11) : 0{,}9 =$

2 · 1 7 ×

b) $\dfrac{3{,}5 \cdot 70 \cdot 230}{24 \cdot 6{,}5} =$

c) $(38 + 208) : 170 =$

d) $\dfrac{7{,}70\,m \cdot 7{,}60\,m}{2} =$

e) $144 : (5 + 6) + (26 - 13) \cdot 6$

$- 12 + 7 \cdot 9 =$

4. Aufrunden und Abrunden von Dezimalzahlen

1. Ergänzen Sie folgende Rundungsregeln.

a) Aufgerundet wird bei den

Endziffern:

b) Abgerundet wird bei den

Endziffern:

2. Die Anzahl der jeweiligen Stellen nach dem Komma richtet sich nach der jeweiligen Einheit.
   a) Notieren Sie drei Einheiten, die zwei Stellen hinter dem Komma haben.

   b) Notieren Sie drei Einheiten, die drei Stellen hinter dem Komma haben.

3. Runden Sie folgende Werte auf bzw. ab.

a) 7,8996 kg ≙

b) 11,119 m

c) 102,789 €

d) 30,7869 m^2

e) 30,8991 km

f) 7,89991 ℓ

4. Rechnen Sie die Brüche in gerundete Dezimalzahlen um.

a) $\frac{1}{3}$ kg ≙

b) $\frac{1}{8}$ m

c) $\frac{1}{6}$ m^3

d) $\frac{1}{7}$ €

e) $\frac{1}{8}$ ℓ

f) $\frac{1}{9}$ cm

5. Der Einkaufspreis für 1,000 kg Seelachsfilet beträgt 17,99 €.
   Eine Portion Seelachsfilet wiegt 200 g.
   Berechnen Sie den Preis für eine Portion Seelachsfilet.

Eine Portion Seelachsfilet kostet

6. Ein Menü für vier Personen kostet 95,65 €.
   Wie viel muss jede Person bezahlen?

Jede Person muss

bezahlen. In diesem Fall muss

werden,

sonst stimmt die Kasse nicht!

7. Eine Kaffeetasse hat ein Fassungsvermögen von 125 mℓ.
   Wie viele Kaffeetassen können mit 1,800 ℓ Kaffee voll gefüllt werden?

Es können

8. Wie viele volle Flaschen mit 0,700 ℓ Inhalt erhält man nach dem Umfüllen eines Weinfasses mit 50 ℓ Inhalt?

Es werden Flaschen

9. 100 g Birne enthalten 13 g Kohlenhydrate. Eine Birne wiegt 160 g. Berechnen Sie den Kohlenhydratgehalt einer Birne (160 g).

1 Birne, die 160 g wiegt, enthält

Anmerkung: Bei der Nährwertberechnung für die Grundnährstoffe (Kohlenhydrate, Fett und Eiweiß) müssen die Werte jeweils gerundet werden, da es nur Durchschnittswerte sind.
Es gibt zum Beispiel viele Birnensorten – süße und weniger süße, jedoch finden Sie in den Nährwerttabellen nur einen Wert für den durchschnittlichen Kohlenhydratgehalt der Birnen.

10. 100 g Bratkartoffeln enthalten 3 g Eiweiß. Berechnen Sie den Eiweißgehalt einer Portion Bratkartoffeln von 250 g.

Eine Portion Bratkartoffeln

11. 100 g Roggenbrötchen enthalten 49 g Kohlenhydrate. Ein Roggenbrötchen wiegt 40 g. Berechnen Sie den Kohlenhydratgehalt eines Roggenbrötchens.

1 Roggenbrötchen,

12. 100 g Gouda, 45 % Fett i. Tr., enthalten 27 g Fett. Berechnen Sie den Fettgehalt von einer Scheibe Gouda, die 30 g wiegt.

Eine Scheibe Gouda,

13. Die Putzverluste bei Grünkohl betragen 49 %. Wie viel Kilogramm Grünkohl muss für eine Portion von 250 g zubereitet werden?

Für eine Portion

5. Rechnen mit dem Dreisatz

Dreisatz mit geradem Verhältnis:
je mehr – desto mehr
je weniger – desto weniger

Beispiel: je mehr – desto mehr
2 ℓ Apfelsaft kosten 3,00 €.
Wie viel kosten 7 ℓ Apfelsaft?

$\frac{3{,}00\,€ \cdot 7}{2} =$

7 ℓ Apfelsaft kosten

Beispiel: je weniger – desto weniger
1,000 kg Schweinemett kostet 8,00 €.
Wie viel kosten 125 g Schweinemett?

$\frac{8{,}00\,€ \cdot 125}{1\,000} =$

125 g Schweinemett kosten

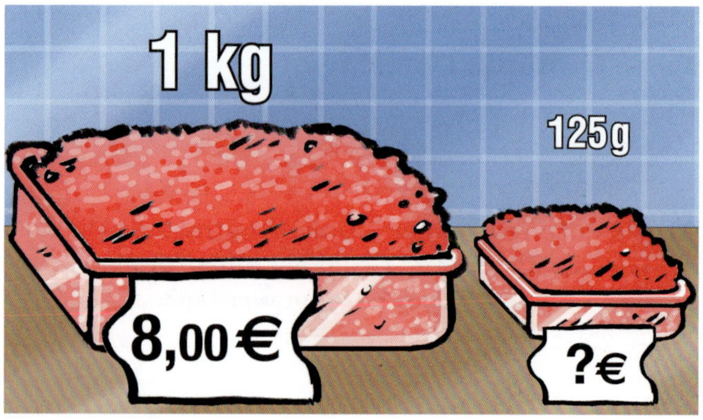

1. **Eine Kiwi kostet 0,39 €.**
   Wie viel kostet ein Dutzend Kiwis?

   Ein Dutzend Kiwis

2. **Heike Fix führt die Unterhaltsreinigung in fünf Gästezimmern in einer Stunde und 10 Minuten durch.**
   Wie viel Minuten benötigt Heike Fix für die Unterhaltsreinigung eines Gästezimmers?

   Für die Unterhaltsreinigung eines Gästezimmers benötigt Heike Fix Minuten.

3. **Eine Dose Champignons (1. Wahl) Füllgewicht 400 g enthält 230 g Champignons (Abtropfgewicht).**
   Eine Dose Champignons kostet 1,50 €.
   Wie viel Euro kosten 100 g Champignons?

   100 g Champignons

4. **1,500 ℓ Vollmilch, längerfrisch, kosten 1,40 €.**
   Wie viel kostet $^1/_8$ ℓ Vollmilch?

   $\frac{1}{8}$ ℓ Vollmilch,

5. **8 Äpfel wiegen 1,280 kg.**
   Wie viel kg wiegen 3 Äpfel im Durchschnitt?

   3 Äpfel

6. **3,50 m Baumwollstoff, Breite 1,40 m, kosten 27,30 €.**
   Wie viel kosten 75 cm von diesem Baumwollstoff?

   75 cm Baumwollstoff

Dreisatz mit ungeradem Verhältnis:
je mehr – desto weniger
je weniger – desto mehr

Beispiel: je mehr – desto weniger
Im Haus Sonnenschein reinigen
3 Hauswirtschafterinnen 21 Gästezimmer in
1 Stunde und 45 Minuten.
Wie viel Minuten benötigen
5 Hauswirtschafterinnen für die 21 Gästezimmer?

$\frac{105 \text{ min} \cdot 3}{5} =$

5 Hauswirtschafterinnen benötigen

für die Reinigung Minuten.

Beispiel: je weniger – desto mehr
Das Urlaubsgeld von Heike Fix reicht 21 Tage,
wenn sie täglich 8,00 € ausgibt.
Wie lange reicht das Urlaubsgeld, wenn sie
täglich nur 6,00 € ausgibt?

$\frac{\text{Tage}}{} =$

Wenn Heike Fix täglich nur 6,00 €

1. Tomatensaft wird in 35 Flaschen mit 0,300 ℓ Inhalt abgefüllt.
Wie viele Flaschen sind notwendig, wenn 0,700-ℓ-Flaschen verwendet werden?

Es werden

2. Sechs Mitarbeiter benötigen für die Vorbereitungsarbeiten für ein Büfett 3,5 Stunden. In welcher Zeit können vier Mitarbeiter die gleiche Arbeit erledigen?

Vier Mitarbeiter benötigen

Stunden, also Stunden

und Minuten.

3. Werden pro Tasse 8 g gemahlener Kaffee verwendet, können aus dem Vorrat 63 Tassen Kaffee gebrüht werden.
Wie viele Tassen Kaffee können gebrüht werden, wenn pro Tasse nur 6 g gemahlener Kaffee verwendet werden?

Bei der Verwendung von

6 g

4. Wenn jede Person 125 g Obstsalat bekommt, reicht der Obstsalat für 20 Personen.
Für wie viele Personen reicht der Obstsalat bei der Ausgabe von 100 g pro Person?

Der Obstsalat reicht

1. Haushaltsbuch

Familie Meier hat beschlossen, ein Haushaltsbuch zu führen.
Vom 1. bis 6. März hat Familie Meier folgende Einnahmen und Ausgaben:

1. März	Gehalt	1 997,00 €
1. März	Miete	432,00 €
1. März	Taschengeld für Claudia	3,00 €
2. März	Abgabe von Manfred für Wohnung und Essen	75,00 €
2. März	Supermarkt	38,40 €
3. März	Blumen	4,49 €
4. März	Benzin	20,00 €
4. März	Zeitung	18,00 €
4. März	Sparen	200,00 €
5. März	Kino	16,00 €
5. März	Fleischer	12,60 €
5. März	Briefmarken	3,80 €
6. März	Bluse	19,50 €
6. März	Friseur	15,00 €
6. März	Waschmittel	4,99 €
6. März	Strom	48,00 €

1. Übertragen Sie die Einnahmen und Ausgaben der Familie Meier jeweils in die richtigen Spalten des Haushaltsbuchs, vgl. S. 9.

2. Wie hoch ist die Summe der Einnahmen der Familie Meier am 6. März?

Summe der Einnahmen:

3. Wie hoch ist die Summe der Ausgaben der Familie Meier am 6. März?

Summe der Ausgaben:

4. Wie hoch ist der Kassenbestand am 6. März?

Kassenbestand am 6. März:

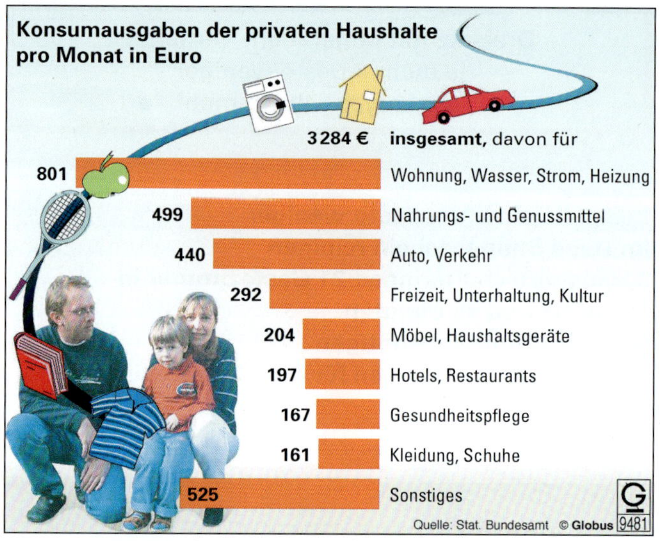

5. Berechnen Sie, wie viel Prozent des Einkommens für die verschiedenen Ausgabenarten ausgegeben werden, vgl. Abb.

Wohnung, Wasser, Strom, Heizung:

Nahrungs- und Genussmittel:

Auto, Verkehr:

Freizeit, Unterhaltung, Kultur:

Möbel, Haushaltsgeräte:

Hotels, Restaurants:

Sonstiges:

Haushaltsbuch

Monat:

Datum	Konto	Einnahmen		Kassen-bestand		Ausgaben		Ausgaben															
								Lebensmittel		Wohnen		Bekleidung		Gesundheits- und Körper-pflege		Freizeit, Bildung		Verkehr, Post				Sonstiges	
																		Private Ver-kehrsmittel		Öffentl. Ver-kehrsmittel, Telefon u. Ä.			
	Bezeichnung	€	Ct	€	Ct	€	Ct	€	Ct	€	Ct	€	Ct	€	Ct	€	Ct	€	Ct	€	Ct	€	Ct
1	**2**	**3**		**4**		**5**		**6**		**7**		**8**		**9**		**10**		**11**		**12**		**13**	
	Summe																						

2. Skonto und Rabatt

Heike Fix: „Hallo Klaus. Kannst du mir mal eine Erläuterung für den Begriff Skonto sagen?"

Klaus Langsam: **„Skonto ist ein Preisnachlass, der gewährt wird, wenn die Bezahlung innerhalb einer bestimmten Frist erfolgt.**

Auf unsere Rechnungen, z. B. für ein Büfett, schreiben wir immer ‚Bei Zahlung innerhalb von 14 Tagen nach Rechnungserhalt 2 % Skonto'. Der Kunde kann dann bei sofortiger Bezahlung 2 % vom Rechnungsbetrag abziehen, und wir bekommen unser Geld schneller."

Heike Fix: „Das habe ich verstanden. Kannst du mir nun auch noch den Begriff Rabatt erläutern?"

Klaus Langsam: **„Rabatt ist ein Preisnachlass, der beim Kauf vom Preis abgezogen wird."**

„Was meinst du da aber genau?"

- „**Mengenrabatt** wird beim Einkauf größerer Mengen gewährt,
- **Treuerabatt** wird beim Einkauf derselben Marke über einen längeren Zeitraum gewährt,
- **Sonderrabatt** wird bei Sonderaktionen, z. B. Werbeaktionen oder Räumungsverkäufen, gewährt."

Heike Fix: „Eigentlich kannst du jetzt auch noch meine Aufgaben ausrechnen!"

Klaus Langsam: „Nein, das mach mal schön selber!"

Skonto

1. Auf einer Rechnung des Hauses Sonnenschein für ein kaltes Büfett über 800,90 € steht: „Bei Zahlung innerhalb von 10 Tagen 2 % Skonto." Berechnen Sie, wie viel Euro bei sofortiger Zahlung gespart werden.

Bei sofortiger Zahlung

2. Die Einrichtung Drachensee bekommt eine Rechnung für eine Renovierungsmaßnahme über 10 870,50 €. Hier ist der Vermerk angegeben: „Bei Zahlung innerhalb von 30 Tagen 3 % Skonto." Berechnen Sie, wie viel Euro durch eine Zahlung innerhalb von 30 Tagen gespart werden.

Bei einer Zahlung

3. Die Rechnung des Lebensmittelgroßhändlers für die Luisenklinik beläuft sich auf 2 576,00 €. Auf der Rechnung steht folgender Vermerk: „Bei Zahlung innerhalb von 30 Tagen 3 % Skonto." Berechnen Sie, wie viel Euro durch eine Zahlung innerhalb von 30 Tagen gespart werden.

Bei einer Zahlung

4. Die Jugendherberge auf der Insel Helgoland bekommt von der Wäscherei eine monatliche Rechnung über 567,00 €. Auf der Rechnung steht folgender Vermerk: „Bei Zahlung innerhalb von 30 Tagen 2 % Skonto." Berechnen Sie, wie viel Euro durch eine Zahlung innerhalb von 30 Tagen gespart werden.

Bei einer Zahlung

Rabatt

1. „Alles muss raus! Auf alle Waren 20 % Rabatt!" steht im Schaufenster eines Schuhhauses. Ein Paar Schuhe kostete 109,90 €. Wie viel muss für das Paar Schuhe bei 20 % Rabatt gezahlt werden?

Das Paar Schuhe kostet jetzt

2. In einem anderen Schuhladen bekommt Heike Fix bei dem Kauf eines Paars Schuhe für 69,00 € eine Karte mit einem Treuepunkt. Auf der Karte steht: „Wenn Sie fünf dieser Treuepunkte vorlegen, bekommen Sie beim Kauf eines Paars Schuhe einen Rabatt über 10,00 €." Wie viel % Rabatt bekommt Heike Fix durch diesen Treuepunkt beim Kauf des Paars Schuhe?

Wert eines Treuepunktes: €

Heike Fix bekommt durch den

Treuepunkt

3. Paul Schnell berichtet stolz, dass er beim Bezahlen eines Menüs durch 15 % Rabatt 60,00 € gespart hat. Den Gesamtpreis für das Menü will er dann aber nicht verraten. Was hat das Menü insgesamt gekostet?

4. Ein Autohaus bietet beim Kauf eines Familienautos mit Grundausstattung für 28 000,00 € einen Rabatt von 2 000,00 € an. Wie hoch ist der Rabatt in %?

Das Autohaus gewährt einen Rabatt

von

5. Bei einem „Sale" wird eine Hose von 55,00 € auf 39,00 € herabgesetzt. Wie viel % Rabatt wird bei dem Kauf der Hose gewährt?

Beim Kauf der Hose werden

Rabatt gewährt.

6. Im Hofladen eines landwirtschaftlichen Betriebes wird Spargel in der Saison günstig angeboten:
   1 kg kostet 6,00 €.
   3 kg zum Sonderpreis von 15,00 €.
   Wie viel % Rabatt wird bei dem Kauf von 3 kg gewährt?

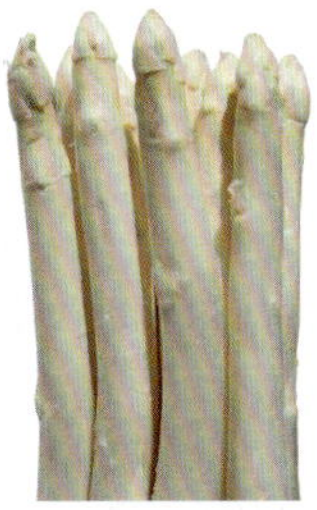

3. Ratenkauf und Kreditkauf

1. In einem Medien-Markt wird eine Digitalkamera zu einem Sofortpreis von 499,00 € angeboten. Als „Leichtkauf“ kann sie außerdem in 12 Monatsraten zu je 45,00 € bezahlt werden. Berechnen Sie den Preisunterschied zwischen dem Sofortpreis (Barzahlung) und dem „Leichtkauf“ (Ratenzahlung).

Preis bei Barzahlung:

Preis bei Ratenzahlung:

Der Preisunterschied

2. Folgendes Kreditangebot besagt:
   Kreditbetrag: 1 000,00 €
   Kreditzinsen: 8,00 %
   Bearbeitungsgebühr: 2 %
   24 Monatsraten
   Berechnen Sie die Kreditkosten.

Kreditzinsen:

Bearbeitungsgebühr:

Kreditkosten:

Die Kreditkosten betragen

3. Der Listenpreis für eine Waschmaschine beträgt 975,00 €.
   Das Geschäft gewährt 8 % Rabatt.
   Bei Sofortzahlung gewährt das Geschäft außerdem 2 % Skonto.
   Bei Ratenzahlung sind 10 % des Listenpreises anzuzahlen, der Rest ist in 10 Monatsraten zu 90,00 € zu zahlen.
   a) Wie hoch ist der Barzahlungspreis bei sofortiger Zahlung?
   b) Wie hoch ist der Gesamtpreis bei Ratenzahlung?
   c) Wie hoch ist der Preisunterschied?

a) Barzahlungspreis:

Der Barzahlungspreis beträgt

b) Gesamtpreis bei Ratenzahlung:

Der Gesamtpreis bei Ratenzahlung beträgt

c) Preisunterschied:

4. Zusätzlich zu den Einzelangaben wie Zinsen und Bearbeitungsgebühren muss beim Ratenkauf auf jeden Fall der effektive Jahreszins genannt werden.
Der effektive Jahreszins ist ein Vergleichswert für die Kreditkosten.
Kreditangebot in einer Bank:
Kreditsumme: 10 000,00 €
Effektiver Jahreszins: 9 %
Laufzeit: 12 Monate
Berechnen Sie für dieses Kreditangebot
a) die Höhe der Gesamtkosten,
b) die Höhe der monatlichen Rate.

a) Höhe der Gesamtkosten:

Die Gesamtkosten betragen

b) monatliche Rate:

Die monatliche Rate beträgt

5. Möbelfirma Hauser bietet eine Jugendzimmereinrichtung für 3 000,00 € an.
Bei Ratenkauf berechnet die Möbelfirma einen effektiven Jahreszins von 14,4 % bei einer Laufzeit von 24 Monaten.
a) Wie hoch sind die Gesamtkosten für das Jugendzimmer bei Ratenzahlung?
b) Wie hoch ist die monatliche Rate?

a) Höhe der Gesamtkosten:

b) monatliche Rate:

6. Ermitteln Sie jeweils den Gesamtbetrag der Raten, vergleiche Tabelle.

Kreditbetrag €	12 Raten			Effektiver Jahreszins in %
	1. Rate €	11 Raten à €	Gesamtbetrag €	
500,00	50,00	45,00		9,0
500,00	51,50	46,00		11,5
1 000,00	100,00	90,00		9,0
1 000,00	103,00	92,00		11,5
5 000,00	500,00	450,00		9,0
5 000,00	515,00	460,00		11,5
10 000,00	1 000,00	900,00		9,0
10 000,00	1 030,00	920,00		11,5

4. Zinsrechnung

Die Zinsrechnung ist eine erweiterte Form der Prozentrechnung.
Kapital (K) ≙ Grundwert (100 %)
Zinssatz (p) ≙ Prozentsatz
Zinsen (z) ≙ Prozentwert

Zeit (t): Die Zinsen beziehen sich, wenn kein anderer Zeitraum angegeben ist, auf ein Jahr (360 Tage).

Allgemeine Formel:

$$\text{Zinsen} = \frac{\text{Kapital (K)} \cdot \text{Zinssatz (p)} \cdot \text{Zeit (t)}}{100\,\%}$$

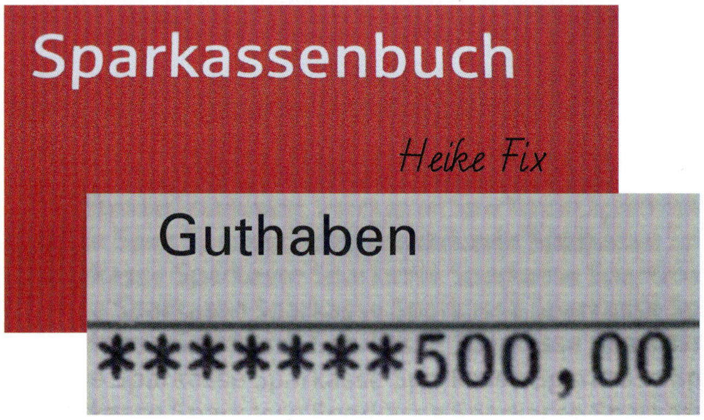

Jahreszins

Beispielaufgabe:
Heike Fix hat 500,00 € Guthaben auf einem Sparbuch.
Sie bekommt für dieses „Kapital" 2 % Zinsen.
Berechnen Sie die Zinsen, die Heike Fix für ihr Guthaben auf dem Sparbuch während des ersten Jahres erhält.

Zinsen: $\frac{500{,}00\,€ \cdot 2 \cdot 1}{100} =$

Heike Fix erhält für ihr Guthaben

auf dem Sparbuch Zinsen.

1. Auf einem Kapitalkonto befindet sich eine Summe von 10 000,00 €.
Der Zinssatz beträgt 2 %.
Wie hoch sind die Zinsen für dieses Kapital innerhalb eines Jahres?

In einem Jahr erbringt dieses Kapital

Zinsen.

2. Ein Darlehn über 15 800,00 € wird mit 9 % verzinst. Wie viel Euro beträgt der Jahreszins für dieses Darlehn?

Der Jahreszins für das Darlehn

beträgt

3. Ein Bauspardarlehn über 65 000,00 € wird mit 6 % verzinst.
a) Wie viel Euro beträgt der Jahreszins für dieses Darlehen?
b) Wie viel Zinsen müssen monatlich gezahlt werden?

a) Jahreszins:

Der Jahreszins für das Bauspar-

darlehn beträgt

b) Monatszins:

Monatlich werden

gezahlt.

4. Wandeln Sie die Formel für die Zinsrechnung so um, dass der Zinssatz ermittelt wird.

Zinssatz:

5. Das Martinshaus erhält für ein Kapital von 8 000,00 € einen Jahreszins von 160,00 €. Mit welchem Zinssatz wurde das Kapital verzinst?

Das Kapital verzinst.

Monatszins

$$\text{Monatszins} = \frac{\text{Kapital} \cdot \text{Zinssatz} \cdot \text{Monate}}{100\,\% \cdot 12\text{ Monate}}$$

1. **Aufgrund eines finanziellen Engpasses leiht sich das Haus Sonnenschein bei der Hausbank für 3 Monate 5 000,00 €.**
   Der Zinssatz beträgt 8 %.
   Wie hoch ist die fällige Zinszahlung für diese 3 Monate?

Für die 3 Monate muss das Haus
Sonnenschein für 5 000,00 €
Zinsen zahlen.

2. **Heike Fix hat ihr Girokonto 4 Monate mit 855,00 € überzogen.**
   Die Bank berechnet Heike Fix für diesen Dispokredit 14 % Sollzinsen.
   Wie hoch sind die Sollzinsen, die Heike Fix für die 4 Monate zahlen muss?

Die Bank berechnet Heike Fix für den
Dispokredit

Tageszins

$$\text{Tageszins} = \frac{\text{Kapital} \cdot \text{Zinssatz} \cdot \text{Tage}}{100\,\% \cdot 360\text{ Tage}}$$

1. **Klaus Langsam hat trotz einer Mahnung die Rechnung für ein Büfett über 600,00 € nicht bezahlt.**
   Er muss nun 8 % Verzugszinsen für die Zeit vom 1. Februar bis zum 15. Juni zahlen.
   Wie hoch sind die Verzugszinsen, die Klaus Langsam zusätzlich zu den 600,00 € zahlen muss?

Berechnung der Zeitdauer:

Feb.:	Tage	März:	Tage
April:	Tage	Mai:	Tage
Juni:	Tage		
Summe:	Tage		

Klaus Langsam muss
bezahlen.

2. **Berechnen Sie die fälligen Zinsen für einen Betrag von 25 000,00 €, der zu 6 % verzinst wird, für den Zeitraum vom 24.12. bis zum 29.06.**

Dez.:	Tage	Jan.:	Tage
Feb.:	Tage	März:	Tage
April:	Tage	Mai:	Tage
Juni:	Tage		
Summe:	Tage		

Für 25 000,00 € werden für diesen
Zeitraum Zinsen fällig.

5. Umformung von Gleichungen

Umformung durch Addition und Subtraktion

Beispielaufgabe:

$x + 9 = 12$

$x + 9 - 9 = 12 - 9$

$x = 3$

Lösen Sie folgende Gleichungen durch Umformung.

1. $12 = x + 8$

2. $x - 112 + 80 = 25$

3. $24 - 18 = x - 9$

4. $x - 25 + 43 = 23$

5. $x + 100 - 12 = 333 - 67$

Umformung durch Multiplikation und Division

Beispielaufgabe:

$x \cdot 7 = 56$

$x \cdot 7 : 7 = 56 : 7$

$x = 8$

Lösen Sie folgende Gleichungen durch Umformung.

1. $x \cdot 3 - 6 = 45$

2. $x \cdot 5 + 4 = 20 + x$

3. $59 + x \cdot 3 = 86 + 6$

4. $8x + 24 = 72$

5. $75 : x = 25$

6. $81 : x = 9$

1. Rechnen mit Gewichten und Hohlmaßen

1. Ergänzen Sie in der Umrechnungstabelle die fehlenden Gewichtsangaben.

Tonne (t)	Kilogramm (kg)	Gramm (g)	Milligramm (mg)	Mikrogramm (µg)
1	≙ ____________	≙ 1 000 000	≙ 1 000 000 000	
	1	≙ 1 000	≙ ____________	
		1	≙ ____________	≙ 1 000 000
			1	≙ 1 000

Umrechnung: t → kg → g → mg → µg

Bei der Umrechnung Komma jeweils 3 Stellen nach rechts. **Beispiel:** 1,000 kg ≙ 1 000 g

Umrechnung: µg → mg → g → kg → t

Bei der Umrechnung Komma jeweils 3 Stellen nach links. **Beispiel:** 1 g ≙ 0,001 kg

Folgende Gewichtsangaben werden außerdem noch in der Praxis verwendet:

Dezitonne (dt) ≙ 100 kg

Doppelzentner (dz) ≙ 100 kg

Zentner (ztr.) ≙ 50 kg

Pfund (Pfd.) ≙ 0,500 kg ≙ 500 g

2. Ergänzen Sie in der Umrechnungstabelle die fehlenden Hohlmaßangaben.

Hektoliter (hℓ)	Liter (ℓ)	Deziliter (dℓ)	Zentiliter (cℓ)	Milliliter (mℓ)
1	≙ 100	≙ ____________	≙ 10 000	≙ 100 000
	1	≙ 10	≙ 100	≙ ____________
		1	≙ ____________	≙ 100
			1	≙ ____________

Umrechnung: hℓ → ℓ   ℓ → dℓ → cℓ → mℓ

Komma 2 Stellen nach rechts. **Beispiel:** 1 hℓ ≙ 100 ℓ   Komma jeweils 1 Stelle nach rechts. **Beispiel:** 1 ℓ ≙ 10 dℓ

Umrechnung: ℓ → hℓ   mℓ → cℓ → dℓ → ℓ

Komma 2 Stellen nach links. **Beispiel:** 100 ℓ ≙ 1 hℓ   Komma jeweils 1 Stelle nach links. **Beispiel:** 1 dℓ ≙ 0,100 ℓ

3. Rechnen Sie um in Gramm (g).

a) 1,250 kg ≙

b) 100 000 mg

c) 0,788 kg

d) 1 t

e) 0,890 mg

f) 12,000 kg

g) 52,500 kg + 890 mg + 2 t + 333 g =

4. Rechnen Sie um in Kilogramm (kg).

a) 1 000 000 mg ≙

b) 780 g

c) 77 777 mg

d) 2 t

e) 88 888 g

f) 678 g

g) 780 g + 9 999 mg + 878 kg + 1 t =

5. Rechnen Sie um in Milliliter (mℓ)

a) 199 ℓ ≙

b) 6,6 dℓ

c) 4,0 cℓ

d) 5 hℓ

e) 0,750 ℓ + 0,333 ℓ + 0,40 cℓ + 0,6 dℓ =

6. Eine Waschmaschine hat bei einer Normalwäsche ein Fassungsvermögen von 5 kg Trockenwäsche. Ein Frotteetuch wiegt 180 g. Wie viele Frotteetücher passen in einen Waschgang?

7. Aus einer Flasche mit 0,700 ℓ Inhalt werden Likörgläser mit einem Fassungsvermögen von 4 cℓ gefüllt. Wie viele Likörgläser können mit dem Inhalt dieser Flasche gefüllt werden?

8. In vier angebrochenen Saftflaschen befinden sich noch folgende Saftmengen. Wie viel Liter Saft sind insgesamt noch vorhanden?

$\frac{3}{8}$ ℓ + 60 cℓ + 250 mℓ + 6 dℓ =

9. 6,000 kg Erdbeerkonfitüre wurden im Haus Sonnenschein hergestellt. Wie viele 400-g-Gläser wurden bei der Herstellung drei Viertel voll Erdbeerkonfitüre gefüllt?

2. Mengen in Messbechern

1. **Lesen Sie die Lebensmittelmengen in den Messbechern ab.**
2. **Notieren Sie, welche Lebensmittelmengen in den verschiedenen Messbechern vorhanden sind.**

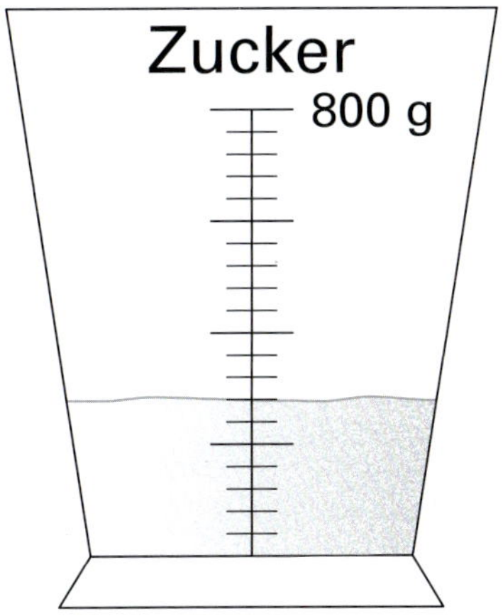

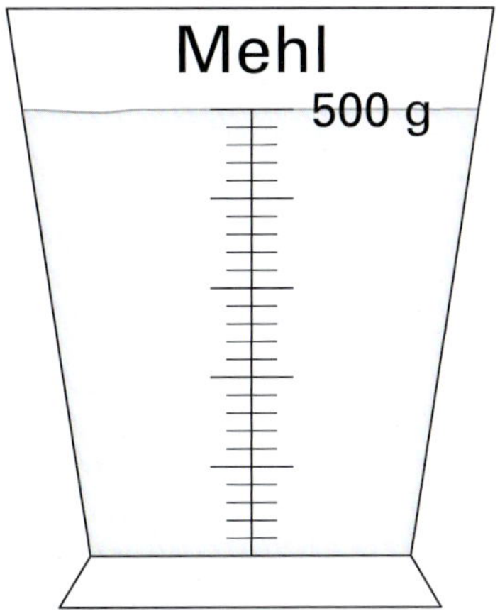

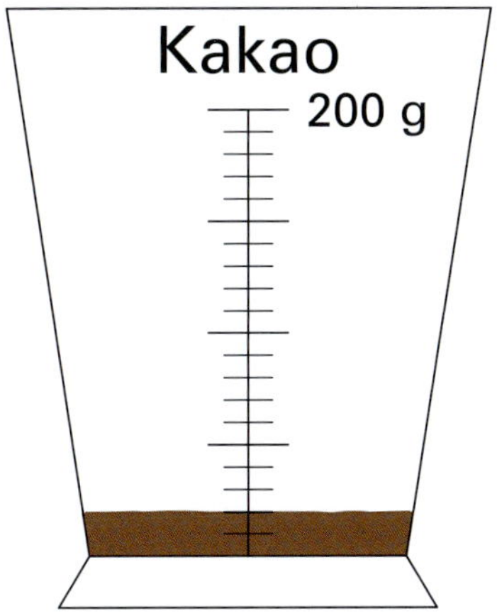

a) Im Messbecher sind ____________________

b) ____________________

c) ____________________

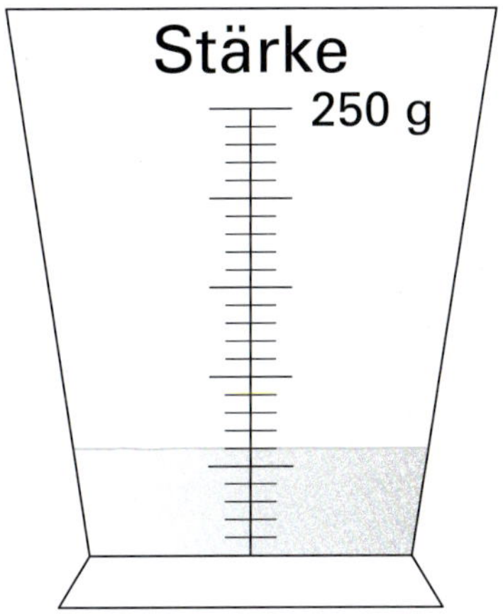

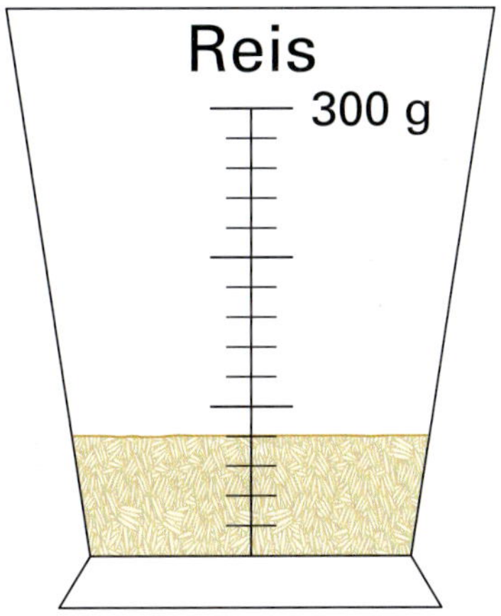

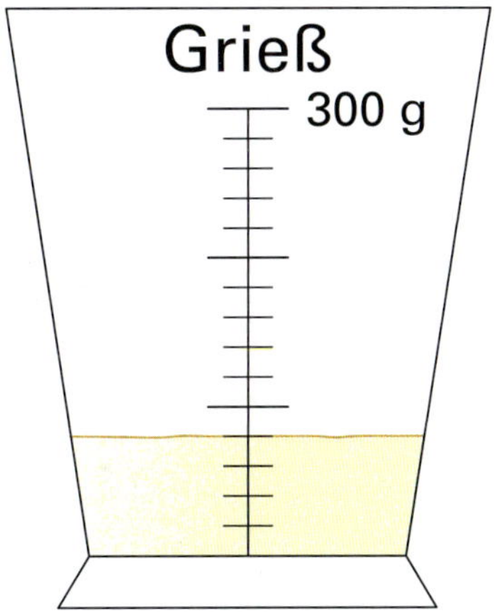

d) ____________________

e) ____________________

f) ____________________

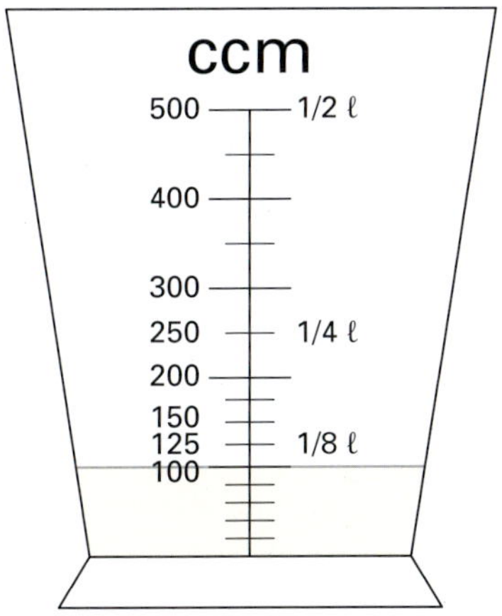

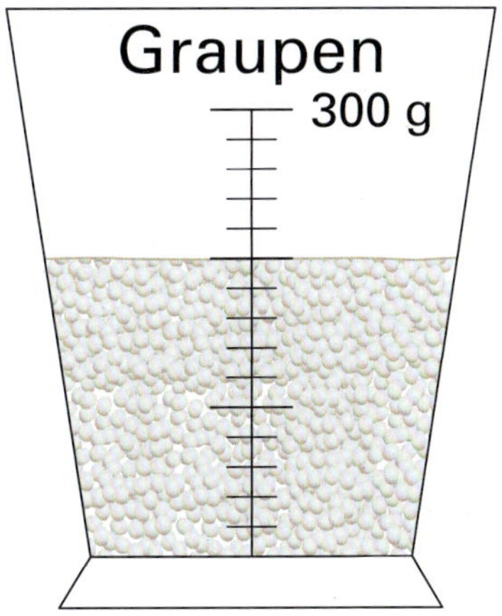

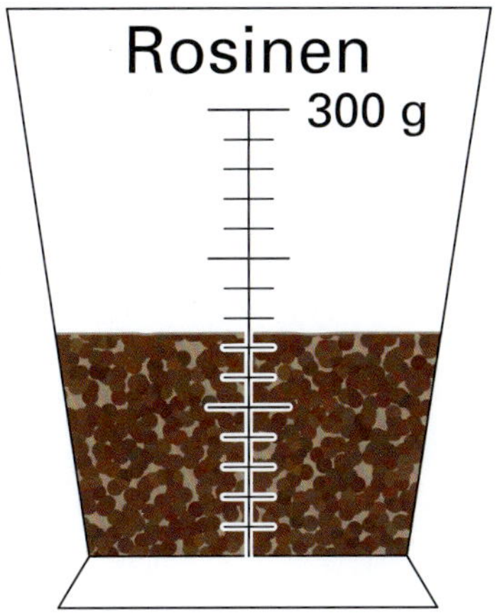

g) ____________________ Milch.

h) ____________________

i) ____________________

3. Rechnen mit Brüchen

1. In dem Tagungsraum wurden 215 Flaschen mit je $\frac{1}{3}$ ℓ Mineralwasser verkauft.
   Wie viel ℓ Mineralwasser wurden insgesamt verkauft?

2. Eine Obsttorte wurde in 12 Stücke geschnitten. Frau Schäufele sagt zu Sandra Jacobsen:
   „Ich hätte gerne $\frac{2}{6}$ dieser Obsttorte auf 3 Tellern."
   Wie viele Stück Obsttorte gibt Sandra Jacobsen Frau Schäufele auf jeden der 3 Teller?

3. Das Grundrezept für Mürbeteig lautet wie folgt:
   $\frac{1}{4}$ kg Mehl
   $\frac{1}{8}$ kg Margarine
   $\frac{1}{16}$ kg Zucker
   1 Ei (60 g)
   Wie viel Gramm wiegt ein Grundrezept Mürbeteig?

4. Klaus Langsam muss laut Vertrag $39\frac{1}{2}$ Stunden pro Woche arbeiten.
   Letzte Woche hatte er folgende Arbeitszeiten:
   Montag: frei
   Dienstag: $5\frac{1}{10}$ Stunden
   Mittwoch: $9\frac{1}{4}$ Stunden
   Donnerstag: $7\frac{1}{2}$ Stunden
   Freitag: $8\frac{3}{4}$ Stunden
   Sonnabend: frei
   Sonntag: $10\frac{1}{4}$ Stunden.
   Berechnen Sie die tatsächliche Arbeitszeit von Klaus Langsam in der letzten Woche in Stunden und Minuten.

   Klaus Langsam hat in der
   letzten Woche   und
   gearbeitet.

5. Aus einer Flasche mit 0,700 ℓ Apfelsaft erhält man $3\frac{1}{2}$ Gläser mit Saft.
   Für 40 Gäste soll je ein halbes Glas Apfelsaft als Apfelsaftschorle zubereitet werden.
   Wie viele Flaschen mit 0,700 ℓ Apfelsaft werden benötigt?

4. Kontrolle der Warenbestände – Inventur

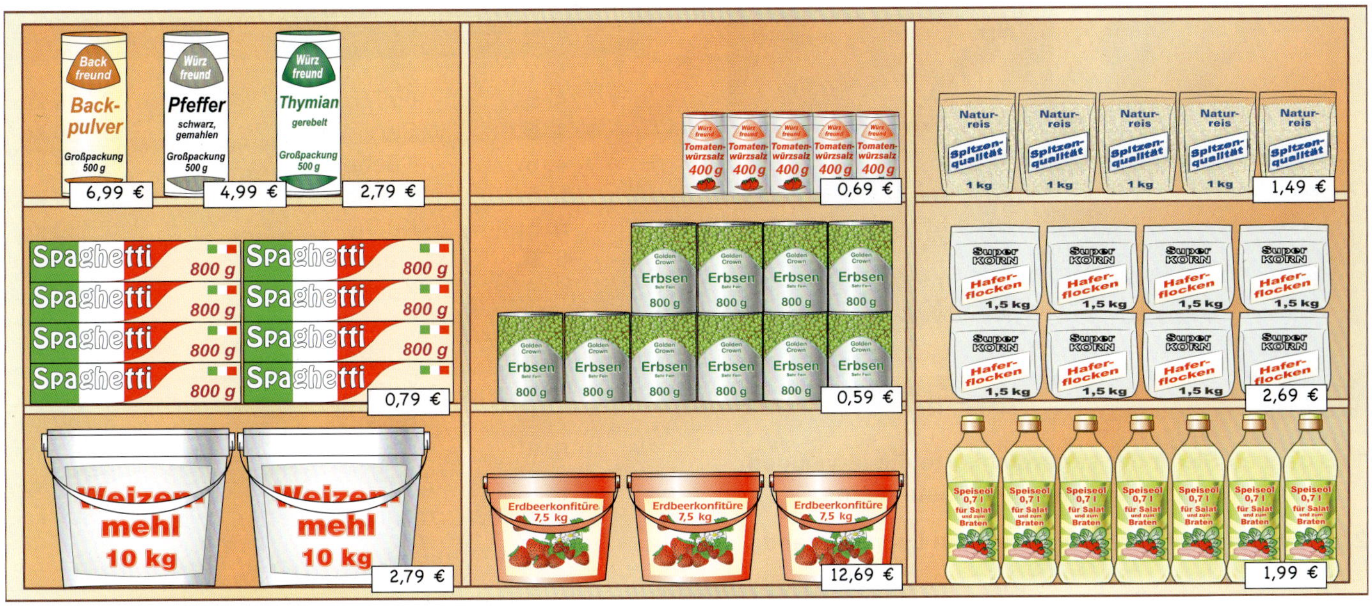

Führen Sie eine Inventur für das abgebildete Regal im Trockenlager durch.

1. **Tragen Sie die vorhandenen Waren alphabetisch in die Tabelle ein.**
2. **Ermitteln und notieren Sie jeweils die Gesamtmengen der einzelnen Waren.**
3. **Ermitteln Sie jeweils den Gesamtwert der einzelnen Waren.**
4. **Ermitteln Sie den Gesamtwert des Warenbestands in dem Trockenlager.**

Artikelbezeichnung	Anzahl Einzel-packungen	Gewicht Einzelpackung	Gesamtgewicht	Preis Einzelpackung	Gesamtwert
				Gesamtwert des Warenbestands	

5. Arbeiten mit Lagerfachkarten

1. **Ergänzen Sie in der Lagerfachkarte die jeweiligen Entnahmen bzw. Zugänge, vgl. Liste rechts.**
2. **Ermitteln Sie dann den jeweiligen Lagerbestand.**

Lagerfachkarte Nr. 72: Äpfel Warenentnahme bzw. Wareneingang		
4. 5.	Lieferung	25,000 kg
4. 5.	Service	3,750 kg
4. 5.	Küche	9,375 kg
5. 5.	Service	2,500 kg
5. 5.	Küche	1,750 kg
6. 5.	Lieferung	23,500 kg
6. 5.	Küche	850 g
6. 5.	Service	3,750 kg
7. 5.	Küche	12750 g
7. 5.	Küche	375 g
7. 5.	Service	3,750 kg
8. 5.	Lieferung	11,000 kg
8. 5.	Service	3,750 kg
8. 5.	Küche	5,800 kg

Lagerfachkarte Nr. 72

Ware: ______________________

	Wareneingang	Warenausgang		
Datum	**Eingang Menge in kg**	**Ausgabe Menge in kg**	**Verbrauchende Stelle**	**Bestand in kg**

6. Lagerkennzahlen

Mindestbestand: durchschnittlicher Tagesverbrauch · 14 Tage

Bestellbestand: (Tagesverbrauch · Lieferzeit) + Mindestbestand

Durchschnittlicher Lagerbestand $= \frac{\text{Warenanfangsbestand + Warenendbestand}}{2}$

1. Haus Sonnenschein bezieht im Sommer verschiedene Speiseeissorten in Behältern mit 2,5 ℓ Inhalt bei der Firma Eisfrau.
Die Lieferzeit dauert im Allgemeinen sechs Tage.
Der Tagesverbrauch liegt in dieser Jahreszeit bei zwei Behältern.
Berechnen Sie den
a) Mindestbestand,
b) Bestellbestand für Speiseeis für das Haus Sonnenschein.

a)

Der Mindestbestand an Speiseeis beträgt für das Haus Sonnenschein im Sommer

b)

Der Bestellbestand für Speiseeis ist erreicht, wenn sich nur noch Speiseeis im Lager befinden.

2. Bei einer Inventur soll der durchschnittliche Lagerbestand ermittelt werden.
Der Lagerbestand zu Beginn des Jahres betrug 22 300,00 €.
Der Warenendbestand bei der Inventur beträgt 21 900,00 €.

Der durchschnittliche Lagerbestand beträgt

3. Täglich werden 10 kg Kartoffeln benötigt.
Die Lieferzeit beträgt 6 Tage.
Der Mindestbestand ist mit 60 kg angegeben.
Ermitteln Sie den Bestellbestand.

4. **Die Buchführung des Hauses Sonnenschein besagt, dass der Wert des Lagerbestands am 1. Jan. 9678,00 € betrug. Der Lagerbestand am 31. Dez. des gleichen Jahres belief sich auf einen Wert von 8976,50 €. Berechnen Sie den durchschnittlichen Wert des Lagerbestands des Hauses Sonnenschein.**

Der durchschnittliche Wert des Lagerbestands des Hauses Sonnenschein betrug

5. **Berechnen Sie den Wert des durchschnittlichen Lagerbestands. Der Lagerbestand am 1. Jan. betrug 4567,00 €. Bei vier Inventuren im Laufe des Jahres wurde ein Gesamtwarenbestand von 19234,00 € festgestellt.**

6. **Ermitteln Sie den Bestellbestand für Kaffee. Täglich werden 0,500 kg Kaffee benötigt. Die Lieferzeit beträgt zwei Tage. Der Mindestbestand beträgt 7,000 kg.**

Bei einem Bestand von

Kaffee muss neu bestellt werden.

7. **Ermitteln Sie den Mindestbestand für Salami. Täglich werden 1,500 kg Salami benötigt. Der Mindestbestand entspricht dem zweiwöchigen Verbrauch.**

Der Mindestbestand für Salami

beträgt

8. **Die Lagerfachkarte für Orangensaft in Flaschen mit 0,700 ℓ Inhalt im Martinshaus enthält folgende Angaben:**
   - **Bestellbestand: 90 Flaschen**
   - **Mindestbestand: 20 Flaschen**
   - **Lieferzeit: 7 Tage**

   Ermitteln Sie aufgrund dieser Daten den täglichen Umsatz an Orangensaft im Martinshaus.

Tagesverbrauch = x

Der tägliche Umsatz an Orangensaft

beträgt im Martinshaus

mit 0,700 ℓ Inhalt.

1. Berechnung von Materialmengen für die Speisenzubereitung

Wie viel muss eingekauft werden, wie viel kommt auf den Teller?

1. Wie viel Kilogramm Rosenkohl muss eingekauft werden, wenn 25 Personen je 200 g auf den Teller bekommen sollen und die Putzverluste 22 % betragen?

Rosenkohl:

2. Bei Salzkartoffeln rechnet man mit Schälverlusten von 20 %. Pro Person sollen 175 g Salzkartoffeln serviert werden. Wie viel Gramm Kartoffeln werden pro Person zubereitet?

Salzkartoffeln:

3. a) Für Spargelgerichte werden pro Person 500 g (1 Pfund) Spargel benötigt. Die Putzverluste betragen 26 %. Wie viel Gramm Spargel werden pro Person zubereitet?

Spargel:

3. b) Als Beilage werden pro Person 150 g Spargel benötigt. Wie viel Gramm Spargel werden pro Person zubereitet?

Spargel:

4. Für einen Zwetschenkuchen wird 1,000 kg Zwetschen verwendet. Die Putzverluste betragen 15 %. Wie viel Gramm Zwetschen befinden sich auf jedem Stück, wenn der Zwetschenkuchen in 16 Stücke zerschnitten wird.

Zwetschen:

5. Fangfrischer Alaskaseelachs wird zu Fischfilet verarbeitet. Beim Filetieren von Alaskaseelachs kommt es zu Verlusten von 56 %. Beim Braten des Fischfilets kommt es zu einem zusätzlichen Garverlust von 10 %. Wie viel Kilogramm fangfrischer Alaskaseelachs werden für 35 Portionen zu je 160 g benötigt?

Alaskaseelachs:

6. Nach dem Putzen wiegen die eingekauften Pfifferlinge für das Mittagessen noch 12,000 kg. Die Putzverluste betrugen 39 %. Wie viel Kilogramm Pfifferlinge wurden eingekauft?

Pfifferlinge:

7. Für einen Linseneintopf wurden 3,000 kg Linsen eingeweicht. Nach dem Quellen wiegen die Linsen 10,000 kg. Wie viel Prozent Wasser haben die Linsen aufgenommen?

Linsen:

8. Für ein Hühnerfrikassee werden Hähnchen gegart. Der Knochenanteil bei Hähnchen beträgt 20 % und der Gewichtsverlust beim Garen 15 % bezogen auf die eingekaufte Menge. Für das Hühnerfrikassee für 25 Personen werden 5 Hähnchen mit 1,5 kg Gewicht gegart. Wie viel Gramm Fleisch bekommt jede Person?

Hähnchen:

9. Für einen Obstsalat sollen pro Person 50 g frische Ananas verwendet werden. Die Putzverluste betragen 46 %. Wie viel Kilogramm Ananas müssen für 40 Personen eingekauft werden?

Ananas:

2. Umrechnung von Rezepturen

Beispiel: Umrechnung für mehr Personen
Eine Rezeptur für 4 Personen für 10 Personen umrechnen:

$$\frac{\text{Rezepturmengen} \cdot 10}{4}$$

Beispiel: Umrechnung für weniger Personen
Eine Rezeptur für 10 Personen für 4 Personen umrechnen:

$$\frac{\text{Rezepturmengen} \cdot 4}{10}$$

1. a) Rechnen Sie die folgende Rezeptur für 10 Personen für 4 Personen um.

Rezeptur: Geflügelcocktail

für 10 Personen	für 4 Personen
500 g gekochte Hähnchenbrust	
250 g Grapefruitfilets	
200 g Champignon	
200 g grüne Paprikastreifen	
200 g Mayonnaise	
100 g Schlagsahne	

1. b) Rechnen Sie die Rezeptur für 10 Personen für 28 Personen um.

Rezeptur: Geflügelcocktail

für 10 Personen	für 28 Personen
500 g gekochte Hähnchenbrust	
250 g Grapefruitfilets	
200 g Champignon	
200 g grüne Paprikastreifen	
200 g Mayonnaise	
100 g Schlagsahne	

2. a) Rechnen Sie die folgende Rezeptur für 4 Personen für 32 Personen um.

Rezeptur: Rotkohl (Blaukraut)

für 4 Personen	für 32 Personen
1,000 kg Rotkohl	
70 g Zwiebeln	
200 g Äpfel	
30 g Schmalz	
5 g Zucker	
10 mℓ Essig	

2. b) Sie haben 30,000 kg Rotkohl. Verändern Sie die Mengen der restlichen Zutaten entsprechend dieser Rotkohlmenge.

Rezeptur: Rotkohl (Blaukraut)

1,000 kg Rotkohl	
70 g Zwiebeln	
200 g Äpfel	
30 g Schmalz	
5 g Zucker	
10 mℓ Essig	

3. Rechnen Sie die folgende Rezeptur für 4 Personen für 10 Personen um. Runden Sie jeweils auf oder ab.

Rezeptur: Ratatouille

für 4 Personen	für 10 Personen
4 Zwiebeln	
1 grüne Paparikaschote	
375 g Auberginen	
250 g Zucchini	
250 g Tomaten	
1 EL Öl	

3. Warenanforderungen bzw. Einkaufslisten umrechnen

1. Für 120 Schülerinnen und Schüler soll ein Schokoladenflammeri nach folgender Rezeptur zubereitet werden.

   Zutaten für 4 Personen
   $^1/_2$ ℓ Milch
   40 g Zucker
   1 Prise Salz (im Vorrat)
   40 g Stärke
   20 g Kakao

   a) Wie viele Rezepturen werden für 120 Personen benötigt?
   b) Erstellen Sie eine Warenanforderung für den Schokoladenflammeri.

a) Anzahl der Rezepturen:

b) Warenanforderungsliste:

2. Erstellen Sie eine Warenanforderung für 50 Portionen Kräutersoße.

   Zutaten für 4 Personen
   40 g Margarine
   40 g Mehl
   $^1/_4$ ℓ Brühe
   20 g Kräuter

3. Der Getränkeeinkauf für ein Kinderfest mit 30 Kindern ist zu planen. Jedes Kind trinkt durchschnittlich drei Gläser (halb Apfelsaft, halb Mineralwasser). Die Gläser haben ein Fassungsvermögen von 150 mℓ. Wie viel Liter Apfelsaft und wie viel Liter Mineralwasser werden benötigt?

4. Prozentrechnung

Cathrin Kühl soll zusammen mit ihrer Gruppe im Berufsschulunterricht ermitteln, wie hoch die Putzverluste in % beim Schälen von Kartoffeln oder Spargel sind.

Cathrin Kühl: „Hallo Danny, wir sollen die Putzverluste beim Schälen von Kartoffeln in Prozent ermitteln. Weißt du, wie das geht?"

Danny Johannsen: „Ihr schält z. B. 18,000 kg Kartoffeln. Nun könnt ihr die Schalen wiegen. Und schon habt ihr das Ergebnis."

Cathrin Kühl: „Du Schlauer, das wusste ich auch. Aber wie geht es jetzt weiter?"

Danny Johannsen: „Komm, wir wiegen erst einmal die Kartoffelschalen. Sieh mal, durch das Schälen von 18,000 kg Kartoffeln habt ihr 3,600 kg Kartoffelschalen bekommen.

Und nun sollt ihr ausrechnen, wie viel Prozent (%) das sind.

? %	von	18,000 kg	sind	3,600 kg.
Prozentsatz (p %)		Grundwert (G)		Prozentwert (p)

18,000 kg Kartoffeln sind der Grundwert, also 100 %. 3,600 kg Kartoffeln sind der Prozentwert, der beim Schälen verloren ging.

Nun müsst ihr noch ausrechnen, wie viel Prozent (%) 3,600 kg sind."

Prozentsatz:
Es soll ermittelt werden, wie viel Prozent der Kartoffeln durch das Schälen verloren gehen.

$$\text{Prozentsatz} = \frac{\text{Prozentwert} \cdot 100\,\%}{\text{Grundwert}} = \frac{3{,}600 \cdot 100\,\%}{18{,}000} = 20\,\%$$

Prozentsatz – hier 20 % – ist ein bestimmter Teil des Ganzen in Prozent (%).

Prozentwert:
Es soll ermittelt werden, welche Menge an Kartoffeln durch das Schälen verloren geht.

$$\text{Prozentwert} = \frac{\text{Grundwert} \cdot \text{Prozentsatz}}{100} = \frac{18{,}000\text{ kg} \cdot 20}{100} = 3{,}600\text{ kg}$$

Prozentwert – hier 3,600 kg – ist ein bestimmter Teil des Ganzen.

Grundwert:
Es soll ermittelt werden, welche Menge insgesamt an Kartoffeln geschält wurde.

$$\text{Grundwert} = \frac{\text{Prozentwert} \cdot 100}{\text{Prozentsatz}} = \frac{3{,}600\text{ kg} \cdot 100}{20}$$

Grundwert – hier 18,000 kg – ist das Ganze.

Prozentsatz

1. Ergänzen Sie die allgemeine Formel für die Berechnung des Prozentsatzes.

$$\frac{\qquad 100\,\%}{\qquad}$$

2. 250 g Rosenkohl werden geputzt. Übrig bleiben nach dem Putzen 195 g Rosenkohl. Wie viel Prozent betragen die Putzverluste?

Putzverluste:

3. In 500 g Bohneneintopf befinden sich 60 g Rindfleisch. Wie viel Prozent Rindfleisch befinden sich in dem Bohneneintopf?

In dem Bohneneintopf befinden sich Rindfleisch.

4. Hühnereier (Gewichtsklasse L) kosteten im April 0,20 € pro Stück. Im September kosten sie nun 0,22 € pro Stück. Wie viel Prozent beträgt die Preissteigerung?

Die Preissteigerung für Hühnereier (Gewichtsklasse L) beträgt

5. Heike Fix bekommt monatlich 1 890,00 € brutto. Ihre Chefin hat ihr eine Gehaltserhöhung auf 2 173,50 € zugesagt. Um wie viel % steigt der Bruttolohn von Heike Fix durch die Gehaltserhöhung?

Der Bruttolohn von Heike Fix steigt

um

6. 250 g Erdbeeren kosten normal 2,99 €. Ein Schild besagt: „Heute nur 2,59 €!" Um wie viel Prozent wurde der Preis ermäßigt?

Der Preis für 250 g Erdbeeren wurde

um ermäßigt.

Prozentwert

1. Ergänzen Sie die allgemeine Formel für die Berechnung des Prozentwertes.

100 %

2. Für ein Büfett soll ein Brokkoli-Kartoffel-Auflauf zubereitet werden. Es werden 15,000 kg Brokkoli eingekauft. Die Putzverluste betragen 39 %. Wie viel kg betragen die Putzverluste bei 15,000 kg Brokkoli?

Putzverluste:

Bei 15,000 kg Brokkoli betragen die

Putzverluste

3. 490 g Grünkohl werden pro Person zubereitet. Die Putzverluste betragen 49 %. Wie viel Gramm wiegt eine Portion Grünkohl?

Pro Person werden Grünkohl

serviert.

4. Für einen Dinnerservice ohne Bedienung müssen 7 % Mehrwertsteuer zu der Rechnung über 875,00 € hinzugerechnet werden. Über welchen Endbetrag lautet die Rechnung?

5. Heike Fix bestellt eine Waschmaschine für das Haus Sonnenschein. Die Waschmaschine kostet ohne Mehrwertsteuer 1 200,00 €. Über welchen Gesamtbetrag lautet die Rechnung einschließlich 19 % Mehrwertsteuer?

6. Im Hofladen gibt es zurzeit auf alle Waren 15 % Rabatt.
Eine Flasche Holunderbeersaft kostet normal 2,99 €.
Wie viel muss gegenwärtig für eine Flasche Holunderbeersaft gezahlt werden?

7. Auf der Rechnung für ein TV-Gerät über 499,00 € steht:
„Bei Bezahlung innerhalb von 14 Tagen 3 % Skonto."
Wie viel muss bei sofortiger Zahlung bezahlt werden?

Grundwert

1. Ergänzen Sie die allgemeine Formel für die Berechnung des Grundwertes.

100 %

2. Wie viel Kartoffeln (Putzverlust 20 %) müssen geschält werden, damit man 68,000 kg geschälte Kartoffeln erhält?

Grundwert =

Insgesamt müssen

Kartoffeln geschält werden,

damit man 68,000 kg geschälte

Kartoffeln erhält.

3. In einem Glas Kirschen befinden sich 350 g Kirschen (35 %) und 65 % Abtropfflüssigkeit.
Welche Menge (Kirschen und Abtropfflüssigkeit) befindet sich insgesamt in dem Glas?

4. Pro Person sollen 150 g Braten gereicht werden.
Bei der Zubereitung ist mit einem Bratverlust von 25 % zu rechnen.
Wiel viel kg Braten muss Heike Fix für 50 Personen einkaufen?

Heike Fix muss Braten

für 50 Personen einkaufen.

5. In eine Kaffeetasse passen 125 mℓ Kaffee.
Für den Nachmittagskaffee sollen im Martinshaus für 40 Personen je 3 Tassen Kaffee zubereitet werden.
Wie viel Liter Kaffee werden benötigt?

1. Berechnung des Energie- und Nährstoffgehalts von Lebensmitteln

1. Berechnen Sie den Energie- und Grundnährstoffgehalt von $^1/_8$ ℓ Vollmilch.

100 mℓ Vollmilch	Energie kJ	Kohlenhydrate g	Fett g	Eiweiß g
	310	5	4	4

$\frac{1\,000\text{ mℓ}}{8} =$

Energie: $\frac{310\text{ kJ} \cdot}{100} =$

Kohlenhydrate:

Fett:

Eiweiß:

$\frac{1}{8}$ ℓ Vollmilch enthält

Kohlenhydrate, Fett und

Eiweiß.

2. Berechnen Sie den Energie- und Grundnährstoffgehalt von 30 g Edamer Käse, 45 % Fett i. Tr.

100 g Edamer Käse	Energie kJ	Kohlenhydrate g	Fett g	Eiweiß g
	1 475	3	26	24

Energie:

Kohlenhydrate:

Fett:

Eiweiß:

3. Berechnen Sie den Energie- und Grundnährstoffgehalt von $^1/_4$ Pfund Paranüsse.

100 g Paranüsse	Energie kJ	Kohlenhydrate g	Fett g	Eiweiß g
	2 970	7	67	14

$\frac{1}{4}$ Pfund ≙ g

4. Vergleichen Sie für einen Diabetiker den Kohlenhydratgehalt von je einer Portion Pommes frites (150 g) und einer Portion Salzkartoffeln (250 g).
100 g Salzkartoffeln enthalten 15 g Kohlenhydrate.
100 g Pommes frites enthalten 31 g Kohlenhydrate.

Salzkartoffeln:

Pommes frites:

Eine Portion Salzkartoffeln (250 g)
enthält Kohlenhydrate.
Eine Portion Pommes frites (150 g)
enthält Kohlenhydrate.
Für einen Diabetiker sind
geeigneter.

5. Vergleichen Sie für Klaus Langsam, der eine Reduktionsdiät macht, den Energiegehalt von einer Portion Reis (150 g) und einer Portion Salzkartoffeln (250 g).
100 g gegarter Reis enthalten 530 kJ.
100 g Salzkartoffeln enthalten 290 kJ.

Reis:

Salzkartoffeln:

Eine Portion Reis (150 g) enthält

Eine Portion Salzkartoffeln

Klaus Langsam soll
essen.

6. Vergleichen Sie außerdem für Klaus Langsam den Energiegehalt und Kohlenhydratgehalt von je 1/8 Kilogramm Weintrauben und 1/8 Kilogramm Äpfel.

100 g Weintrauben enthalten 270 kJ und 15 g Kohlenhydrate.

100 g Äpfel enthalten 210 kJ und 12 g Kohlenhydrate.

Weintrauben:

Äpfel:

$\frac{1}{8}$ kg Weintrauben enthält
und Kohlenhydrate.
$\frac{1}{8}$ kg Äpfel

7. Ergänzen Sie die fehlenden Angaben in den folgenden Sätzen.

1 g Eiweiß enthält kJ (kcal),
1 g Kohlenhydrate enthält
kJ (kcal) und
1 g Fett enthält kJ (kcal).
Fett enthält mehr als
so viel Energie wie
und

2. Berechnung des Energie- und Nährstoffbedarfs

1. Anja Bauer führt folgende Tätigkeiten durch:

Gemüse putzen	**50 min**
Kochen	**45 min**
Betten machen	**30 min**
Staub saugen	**60 min**
Einkaufen	**45 min**

Abends spielt sie 1 Stunde Fußball.
Berechnen Sie ihren zusätzlichen Energiebedarf durch diese Tätigkeiten.

Tätigkeiten	Energiebedarf kJ/min
Gemüse putzen	4,2
Kochen	8,4
Betten machen	17,2
Staub saugen	13,4
Einkaufen	5,9
Fußball spielen	55,0

Gemüse putzen:

Kochen:

Betten machen:

Staub saugen:

Einkaufen:

Fußball spielen:

Anja Bauer hat durch diese Tätigkeiten einen zusätzlichen Energiebedarf von

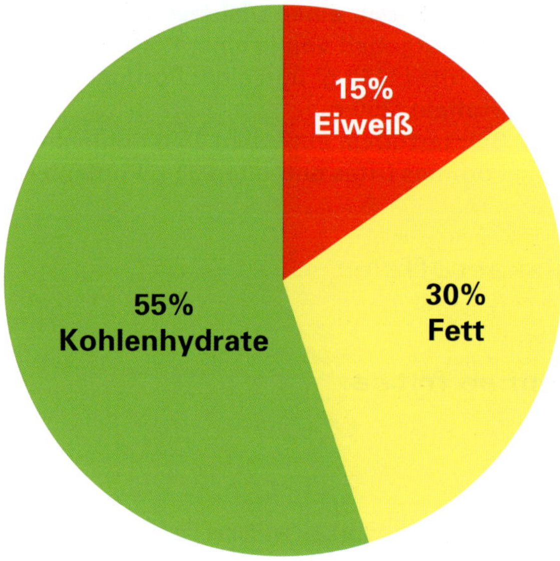

2. Heike Fix hat einen täglichen Energiebedarf von 8 000 kJ.
Sie soll täglich
15 % der Energie in Form von Eiweiß,
30 % in Form von Fett und
55 % in Form von Kohlenhydraten zu sich nehmen.
Berechnen Sie für Heike Fix ihren täglichen Nährstoffbedarf an
a) Eiweiß,
b) Fett und
c) Kohlenhydraten in g.

a) Eiweißbedarf:

Heike Fix hat einen täglichen Eiweißbedarf von

b) Fettbedarf:

c) Kohlenhydratbedarf:

3. Michael König hat einen täglichen Energiebedarf von 10 000 kJ.
Er soll täglich
15 % der Energie in Form von Eiweiß,
30 % in Form von Fett und
55 % in Form von Kohlenhydraten zu sich nehmen.
Berechnen Sie für Michael König seinen täglichen Nährstoffbedarf an
a) Eiweiß, b) Fett und
c) Kohlenhydraten in g.

a) Eiweißbedarf:

Michael König hat einen täglichen

Eiweißbedarf von

b) Fettbedarf:

c) Kohlenhydratbedarf:

4. 100 g Vollmilchschokolade enthalten 2 320 kJ.
Bei Gymnastik werden pro Minute 16 kJ verbraucht.
Wie viele Stunden muss Heike Fix Gymnastik machen, um den Energiegehalt von 100 g Vollmilchschokolade zu verbrauchen?

Heike Fix muss

Gymnastik

machen, um den Energiegehalt der

Vollmilchschokolade zu verbrauchen.

5. Klaus Langsam trinkt am Samstagabend 0,500 ℓ Bier, 200 mℓ Rotwein, 4 cℓ Weinbrand.
Wie viel Prozent seines täglichen Energiebedarfs von 10 200 kJ deckt Klaus Langsam durch diese alkoholischen Getränke?

Menge	Getränke	Energie in kJ
100 mℓ	Bier	200
100 mℓ	Rotwein	280
100 mℓ	Weinbrand	1 020

0,500 ℓ Bier ≙

200 mℓ Rotwein ≙

4 cℓ Weinbrand ≙

Energiebedarfsdeckung:

Durch diese alkoholischen Getränke

deckt Klaus Langsam über

seines täglichen Energiebedarfs.

6. Danny Johannsen ist 17 Jahre alt, er wiegt 68 kg.
Er hat einen Grundumsatz von 7 600 kJ.
Für körperliche Aktivitäten in Beruf und Freizeit (insgesamt 12 Stunden) benötigt Danny Johannsen zusätzlich stündlich 8 kJ pro kg Körpergewicht.
Berechnen Sie den täglichen Energiebedarf von Danny Johannsen.

Körperliche Aktivität:

Grundumsatz + körperliche Aktivität:

Danny Johannsen

3. Nährwertberechnung für ein Mittagessen

1. Markus Nies ist 17 Jahre alt und Hauswirtschafter. Markus Nies hat einen täglichen Gesamtenergiebedarf von 12200 kJ. Berechnen Sie den täglichen Nährstoffbedarf von Markus Nies.

Eiweiß:

Fett:

Kohlenhydrate:

Markus Nies soll täglich

Eiweiß, Fett und

Kohlenhydrate zu sich

nehmen.

Mittagessen von Markus Nies

2. Zum Mittagessen soll Markus Nies 30 % der täglichen Gesamtenergie- und Nährstoffzufuhr zu sich nehmen. Ermitteln Sie, wie viel Energie (kJ) und g Nährstoffe Markus Nies zum Mittagessen zu sich nehmen soll.

Energie:

Eiweiß:

Fett:

Kohlenhydrate:

Markus Nies soll zum Mittagessen

kJ, Eiweiß,

Fett und Kohlen-

hydrate zu sich nehmen.

3. Zum Abendessen soll Markus Nies 25 % der täglichen Gesamtenergie- und Nährstoffzufuhr zu sich nehmen. Ermitteln Sie, wie viel Energie kJ und g Nährstoffe Markus Nies zum Abendessen zu sich nehmen soll.

Markus Nies soll zum Abendessen

kJ, Eiweiß,

Fett und Kohlen-

hydrate zu sich nehmen.

4. Berechnen Sie den Energie- und Nährstoffgehalt des folgenden Mittagessens für Markus Nies.

Nudeln mit Ketchup
350 g Eierteigwaren, gekocht
10 g Butter
75 g Tomatenketchup

Spiegeleier
2 Hühnereier
10 g Butter
$^1/_4$ ℓ Apfelsaft

Nährwerttabelle für die Berechnung des Mittagessens:

Menge g/mℓ	Lebensmittel	Energie kJ	Eiweiß g	Fett g	Kohlenhydrate g
100	Eierteigwaren, gekocht	600	5	1	28
100	Butter	3 100	1	83	0
60	Hühnerei (1 Stück)	370	7	6	1
100	Tomatenketchup	445	2	+	24
100	Apfelsaft	205	0	0	12

Anmerkung: + in Spuren vorhanden, wird nicht berechnet

Beim Mittagessen verzehrte Mengen: Ergänzen Sie die fehlenden Werte.

Menge g/mℓ	Lebensmittel	Energie kJ	Eiweiß g	Fett g	Kohlenhydrate g
______	Eierteigwaren, gekocht	______	______	______	______
______	Butter	______	______	______	______
______	Hühnerei	______	______	______	______
______	Tomatenketchup	______	______	______	______
______	Apfelsaft	______	______	______	______
Gesamt-Ist-Zufuhr		______	______	______	______
Gesamt-Soll-Zufuhr		______	______	______	______

5. Stellen Sie fest, welche Nährstoffe Markus Nies mit dem Mittagessen
a) zu viel,
b) zu wenig aufnimmt.

4. Kreisdiagramme und Stabdiagramme

Häufig werden Zahlenangaben, z. B.
- Nährstoffgehalt eines Lebensmittels oder
- Wasserverbrauch pro Person und Jahr,

in Kreis- oder Stabdiagrammen dargestellt.
Vgl. auch S. 79.

Beispiel: Kreisdiagramm

1. Täglich werden in Deutschland pro Person insgesamt 114 ℓ Wasser direkt verbraucht. Davon werden für
- **Baden, Duschen 45 ℓ – 40 %**
- **Toilette 34 ℓ – 30 %**
- **Wäsche waschen 15 ℓ – 13 %**
- **Geschirr spülen 7 ℓ – 6 %**
- **Reinigen, Putzen 6 ℓ – 5 %**
- **Kochen, Getränke 5 ℓ – 4 %**
- **Garten 2 ℓ – 2 %**

verbraucht.

Ein Kreisdiagramm hat 360°.
Wir ermitteln die Größe des Kreisabschnittes für den Wasserverbrauch beim Baden, Duschen.

$100\,\% \mathrel{\hat=} 360°$

$40\,\% \mathrel{\hat=} x$

$\frac{360 \cdot 40}{100} \mathrel{\hat=} 144°$

Die Größe des Kreisabschnittes für Baden und Duschen beträgt 144°.

Wir übertragen den Kreisabschnitt für Baden und Duschen in das Kreisdiagramm.

Täglicher Wasserverbrauch pro Person in ℓ:

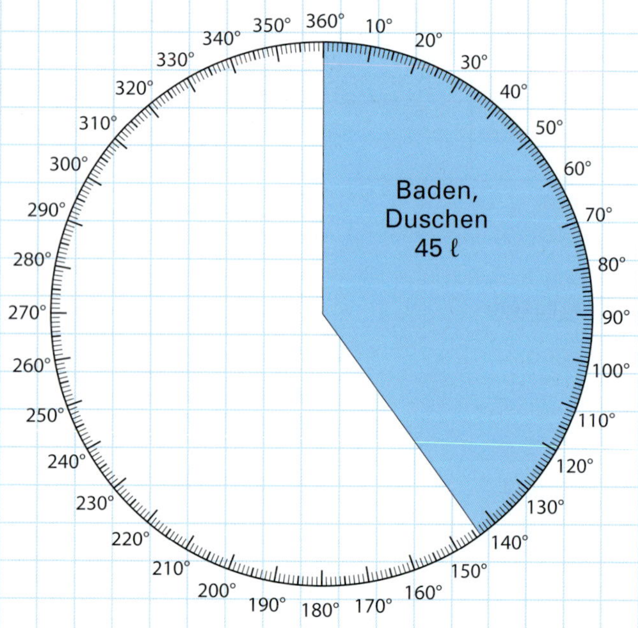

2. Ermitteln Sie die Größen der restlichen Kreisabschnitte für den täglichen Wasserverbrauch pro Person in ℓ und übertragen Sie diese in das Kreisdiagramm.

Kreisabschnitt Toilette:

Kreisabschnitt Wäsche waschen:

Kreisabschnitt Geschirr spülen:

Kreisabschnitt Reinigen, Putzen:

Kreisabschnitt Kochen, Getränke:

Kreisabschnitt Garten:

3. Erstellen Sie ein Kreisdiagramm für den Nährstoffgehalt von Vollmilch: 85 % Wasser, 4 % Eiweiß, 4 % Fett, 5 % Kohlenhydrate, 2 % Mineralstoffe.

4. Gestalten Sie das Kreisdiagramm farbig.

Nährstoffgehalt von Vollmilch:

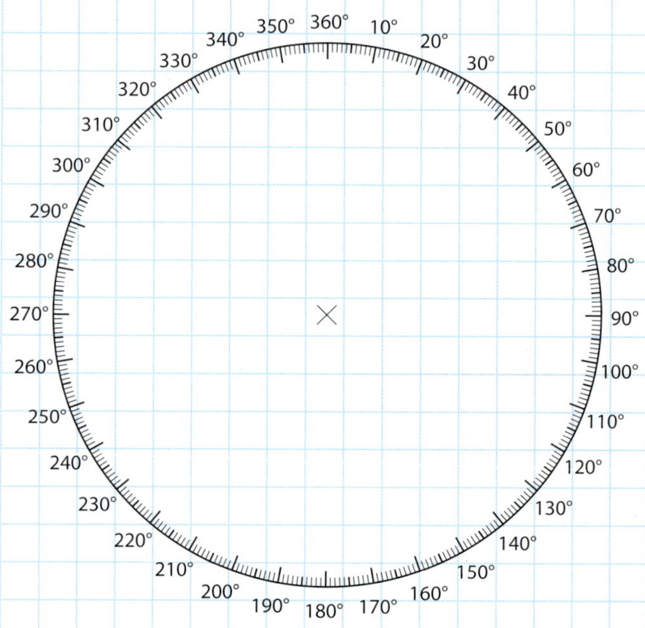

5. a) Stellen Sie den Nährstoffgehalt von Hühnereiklar in einem Kreisdiagramm dar.
Wasser 87 %, Eiweiß 11 %, Kohlenhydrate 1 %, Mineralstoffe 1 %.

Nährstoffgehalt von Hühnereiklar:

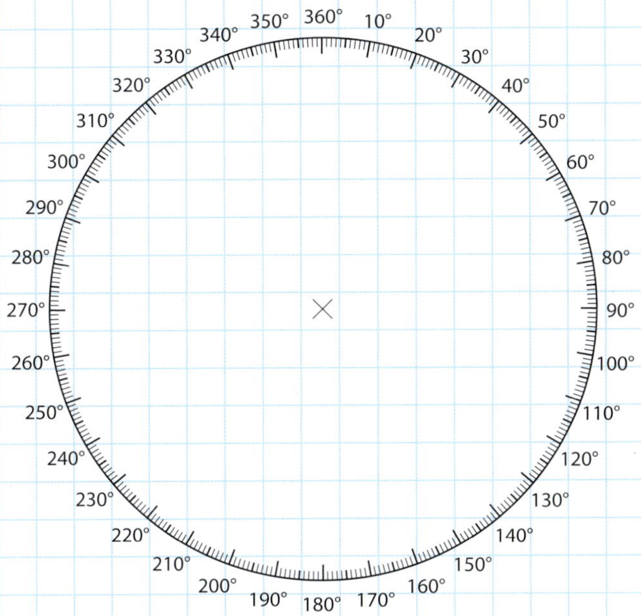

5. b) Stellen Sie den Nährstoffgehalt von Hühnereidotter in einem Kreisdiagramm dar.
Wasser 50 %, Eiweiß 16 %, Fett 32 %, Mineralstoffe 2 %.

Nährstoffgehalt von Hühnereidotter:

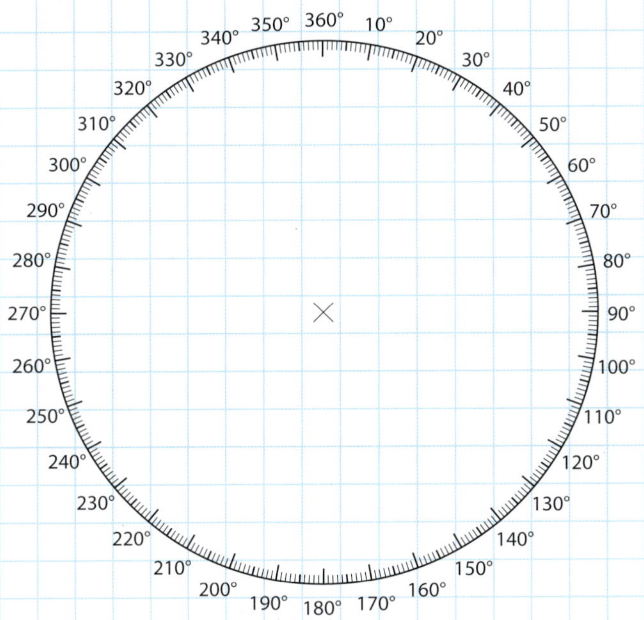

6. a) Stellen Sie den Nährstoffgehalt von Fettfisch in einem Stabdiagramm dar.
Wasser 66 %, Eiweiß 15 %, Fett 18 %, Mineralstoffe 1 %.
1 cm im Stabdiagramm ≙ 10 %
b) Gestalten Sie das Stabdiagramm mit den Nährstofffarben.

Nährstoffgehalt von Fettfisch:

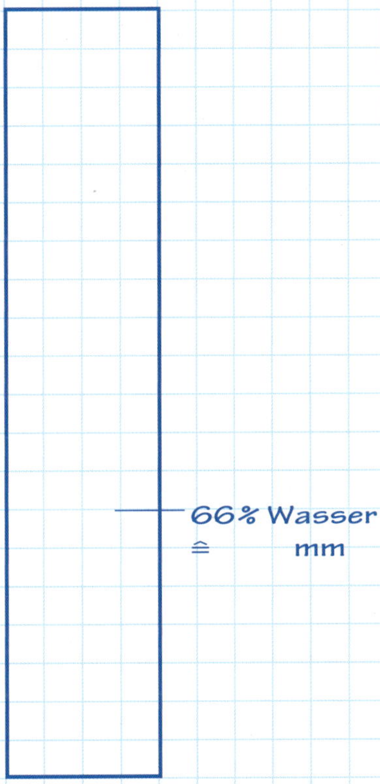

7. a) Stellen Sie den Nährstoffgehalt von Hühnerei in einem Stabdiagramm dar.
Das Hühnerei wiegt 60 g.
Es enthält 45 mℓ Wasser, 7 g Eiweiß, 6 g Fett, 2 % Mineralstoffe.
b) Gestalten Sie das Stabdiagramm mit den Nährstofffarben.

Nährstoffgehalt von Hühnerei:

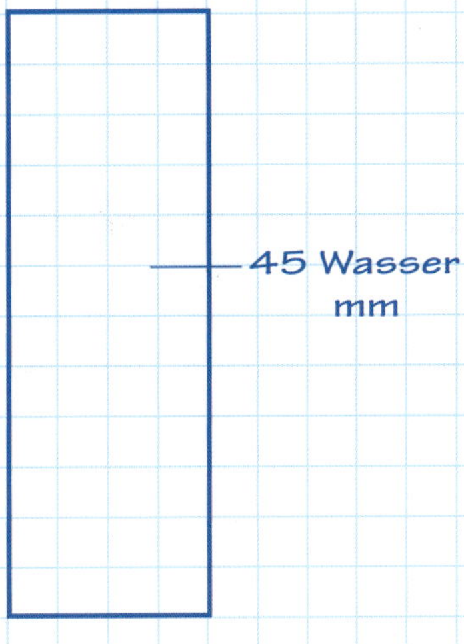

5. Berechnung von Broteinheiten für Diabetiker

1 Broteinheit (BE) ≙ 12 g Kohlenhydraten (KH)

1. 100 g Pellkartoffeln enthalten 17 g Kohlenhydrate.
   Erlaubt sind 2 Broteinheiten (BE).
   Wie viel Gramm Pellkartoffeln dürfen gegessen werden?

2 BE

2. Ein Diabetiker darf zum Abendbrot 4 Broteinheiten (BE) aufnehmen.
   Wie viel Scheiben Weizenvollkornbrot darf er essen?
   100 g Weizenvollkornbrot enthalten 41 g Kohlenhydrate.
   1 Scheibe Weizenvollkornbrot wiegt 50 g.

4 BE

1 Scheibe Weizenvollkornbrot:

3. 100 mℓ Vollmilch enthalten 5 g Kohlenhydrate.
   Wie viel mℓ Vollmilch enthalten 1 BE?

4. Berechnen Sie die Broteinheiten eines zweiten Frühstücks.
   Es gibt 200 mℓ Vollmilchjoghurt (100 g enthalten 5 g Kohlenhydrate) und 150 g Banane (100 g enthalten 16 g Kohlenhydrate).

200 mℓ Vollmilchjoghurt ≙

150 g Banane ≙

5. Ermitteln Sie für einen Diabetiker, welche Gesamtmenge an Broteinheiten in dem folgenden Frühstück enthalten ist.

Lebensmittel	KH in g	verzehrt	KH in g	Broteinheit
100 g Roggenbrot	48	80 g	___	___
100 g Butter	0	15 g	___	___
100 g Edamer	3	30 g	___	___
100 g Konfitüre	66	25 g	___	___
100 g Tomate	3	70 g	___	___
100 mℓ Tee	0	200 ml	___	___
			Summe	___

Das Frühstück enthält

6. **Berechnen Sie für folgende Lebensmittel jeweils die Menge, die 1 Broteinheit (BE) entspricht.**

a) **100 g Weizenmehl, Type 405, enthalten 71 g Kohlenhydrate (KH).**

$$\frac{100\,g \cdot 12}{71} =$$

g Weizenmehl entsprechen 1 BE.

b) **100 g Roggenmehl enthalten 41 g Kohlenhydrate.**

c) **100 g Erbsen, grün, enthalten 13 g KH.**

d) **100 g Möhre, Karotte enthalten 5 g KH.**

e) **100 g Kefir enthalten 5 g KH.**

f) **100 g Ananas enthalten 20 g KH.**

g) **100 g Wassermelone enthalten 3 g KH.**

h) **100 mℓ Apfelsaft enthalten 12 g KH.**

i) **100 mℓ Tomatensaft enthalten 4 g KH.**

j) **100 g Reis, gekocht, enthalten 23 g KH.**

k) **100 g Kiwi enthalten 12 g KH.**

l) **100 g Cornflakes, ungezuckert, enthalten 80 g KH.**

1. Technisierung im Betrieb

Im Seniorenheim „Haus Sonnenschein“ soll ein neuer Geschirrspüler angeschafft werden.

Heike Fix bekommt die Aufgabe, feste und variable Kosten für den Geschirrspüler auszurechnen.

Feste Kosten (Kapitalkosten) sind die
- Anschaffungskosten für das Gerät/Nutzungsdauer,
- Anschlusskosten und
- verloren gegangenen Zinsen, die man sonst für das Kapital erhalten würde.

Feste Kosten (Kapitalkosten) für einen Geschirrspüler
Anschaffungskosten für den Geschirrspüler betragen 1 050,00 €.
Anschlusskosten entstehen nicht, da ein alter Geschirrspüler ersetzt wird.
Die Nutzungsdauer für den Geschirrspüler ist mit 10 Jahren anzusetzen.
Außerdem ist ein Zinssatz von 4 % anzusetzen.

a) Beispiel Abschreibung
Jede Maschine, jedes Gerät unterliegt im Laufe der Zeit einer Wertminderung, die als Abschreibung erfasst wird. Die Abschreibung richtet sich nach dem Anschaffungswert und der Nutzungsdauer.

$$\text{Abschreibung} = \frac{\text{Anschaffungswert}}{\text{Nutzungsdauer}}$$

Abschreibung Geschirrspüler:

Pro Jahr werden   für den

Geschirrspüler abgeschrieben.

b) Beispiel Zinskosten
Für die Berechnung der Zinskosten wird der halbe Zinssatz angesetzt, da im Durchschnitt nur das halbe Kapital eingesetzt wird: am Anfang 100 % und am Ende 0 %. Der Zinssatz beträgt 4 %.

Zinskosten, allgemein:

$$\frac{\text{Anschaffungswert} \cdot \text{Zinssatz}}{100 \cdot 2}$$

Zinskosten Geschirrspüler:

Pro Jahr entstehen für den Geschirr-

spüler   Zinskosten.

c) Summe der jährlichen festen Kosten für den Geschirrspüler

a) Abschreibung

b) Zinskosten

---

feste Kosten

Beispiel: Zinskosten bei einem Zinssatz von 9 %

Zinskosten Geschirrspüler bei 9 %:

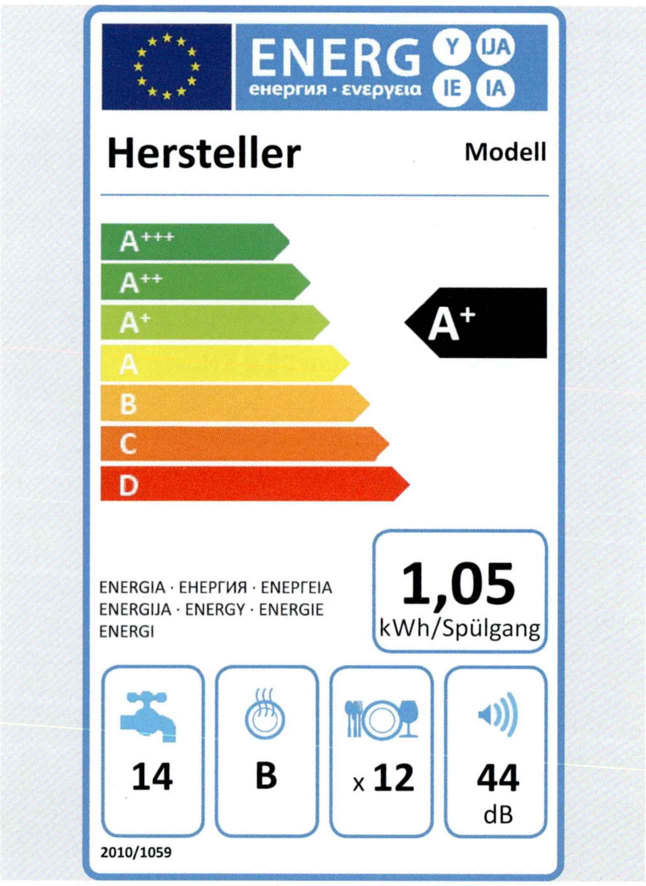

1. Berechnen Sie die festen Kosten (Kapitalkosten) für eine Waschmaschine.
   Anschaffungspreis: 900,00 €
   Nutzungsdauer: 8 Jahre
   Zinsen: 5 %
   a) Abschreibung?
   b) Zinskosten?
   c) Jährliche Festkosten (Kapitalkosten)?

a) Abschreibung:

b) Zinskosten:

c) Jährliche feste Kosten:

2. Berechnen Sie die festen Kosten (Kapitalkosten) für einen Herd.
   Anschaffungspreis: 5 000,00 €
   Nutzungsdauer: 7 Jahre
   Zinsen: 10 %
   a) Abschreibung?
   b) Zinskosten?
   c) Jährliche Festkosten (Kapitalkosten)?

a) Abschreibung:

b) Zinskosten:

c) Jährliche feste Kosten:

2. Geschirrspülen mit der Maschine oder von Hand

1. Berechnen Sie die täglichen Betriebskosten für das Geschirrspülen
   a) mit der Maschine,
   b) von Hand.
   Ermitteln Sie dafür die fehlenden Daten für den Wasser- und Stromverbrauch mithilfe des Energielabels auf S. 42.

2. Berechnen Sie die jährlichen Gesamtkosten und die Gesamtarbeitszeit für das Geschirrspülen
   a) mit der Maschine,
   b) von Hand.

Tägliche Betriebskosten für die Geschirrspülmaschine

Hilfs- und Betriebsstoffe	Einheit	Preis je Einheit in €	1 Spülgang pro Tag	
			Verbrauch	Kosten in €
Wasser	m^3	4,05		
Strom	kWh	0,23		
Spülmittel	kg	2,00	0,030	
Klarspüler	ℓ	4,80	0,003	
Salz	kg	1,00	0,020	
tägliche Kosten	–	–	–	

Tägliche Betriebskosten für das Geschirrspülen von Hand

Hilfs- und Betriebsstoffe	Einheit	Preis je Einheit in €	2 Spülgänge pro Tag	
			Verbrauch	Kosten in €
Wasser	m^3	4,05	0,040	
Strom	kWh	0,23	2,000	
Spülmittel	ℓ	1,75	0,006	
Spülmittel, Geschirrtuch	–	–	–	0,05
tägliche Kosten	–	–	–	

Gesamtkosten pro Jahr

Kostenart	Geschirrspülen	
	Maschine	von Hand
Kapitalkosten, vgl. S. 42		–
Betriebskosten		
Gesamtkosten		

Gesamtarbeitszeit pro Jahr

	Geschirrspülen	
	Maschine	von Hand
Arbeitszeit pro Tag	365 · 15 Minuten	365 · 60 Minuten
Gesamtarbeitszeit		

3. Wasser- und Stromverbrauch

> Maßeinheit für Wassergebühren
> ist Kubikmeter (m^3)
>
> 1 m^3 ≙ 1000 ℓ Wasser
>
> 1 Kubikmeter Wasser kostet
> im Durchschnitt 4,05 €.

1. Jeder Einwohner verbraucht pro Tag im Durchschnitt etwa 113 ℓ Wasser.
a) Berechnen Sie den Wasserverbrauch in m^3 je Einwohner pro Jahr.
b) Berechnen Sie die Kosten für diesen Wasserverbrauch pro Jahr.

a) Wasserverbrauch pro Jahr:

b) Kosten Wasserverbrauch:

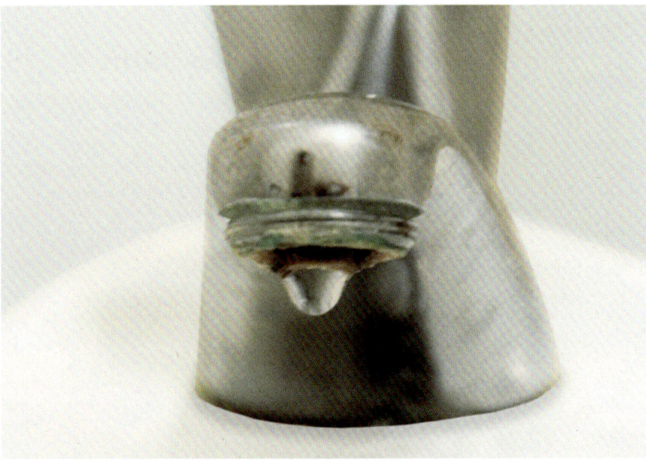

**2. Ein Tagungshaus hat im WC-Bereich für vier WC einen Wasserverbrauch von 30 000 m^3.
Das Tagungshaus lässt die Spülkästen mit Wasserspartasten nachrüsten.
Pro Spülgang werden nun 5 ℓ Wasser eingespart.
Die Spartaste jedes WC wird pro Tag fünfmal betätigt.**
a) Berechnen Sie die Wassereinsparung pro Monat.
b) Berechnen Sie die Kosteneinsparung pro Monat.

a) Wassereinsparung pro Monat:

b) Kosteneinsparung pro Monat:

3. Aus einem undichten Wasserhahn tropfen pro Minute 9 Wassertropfen.
8 Tropfen ≙ 1 mℓ
a) Berechnen Sie den Wasserverlust pro Tag.
b) Berechnen Sie den Wasserverlust pro Monat.

a) Wasserverlust pro Tag:

b) Wasserverlust pro Monat:

Maßeinheit für Stromkosten ist
Kilowattstunde kWh

also Watt · Zeit

1 Kilowattstunde (kWh) kostet
im Durchschnitt 23 Cent.

1. **Der Wäschetrockner im Haus Sonnenschein verbraucht 5 kW. Wie lange kann er für 50 Cent betrieben werden?**

Für 50 Cent kann der Wäsche-
trockner betrieben
werden.

2. **Fleisch wird in der Mikrowelle aufgetaut, dazu wird es 20 Minuten bei 150 Watt erwärmt. Berechnen Sie den Stromverbrauch.**

Für das Auftauen des Fleisches
werden kWh verbraucht.

3. **Eine 60-Watt-Glühbirne in einer Tischlampe wird durch eine Energiesparlampe 11 Watt ≙ 60 Watt ersetzt. Die Lampe brennt im Durchschnitt 9 Stunden pro Tag.**
   a) **Berechnen Sie die tägliche Kosteneinsparung durch diese Maßnahme.**
   b) **Berechnen Sie die Kosteneinsparung pro Monat.**
   c) **Berechnen Sie die Kosteneinsparung pro Jahr (365 Tage).**

a) Kosteneinsparung pro Tag:

60 W ≙ kW

Pro Tag werden
eingespart.

b) Kosteneinsparung pro Monat:

Pro Monat werden durch den
Einsatz der Energiesparlampe
eingespart.

c) Kosteneinsparung pro Jahr:

1. Verteilungsrechnung

Bei der Verteilungsrechnung werden Güter oder Geldbeträge nach bestimmten Anteilen aufgeteilt.

Beispielaufgabe:
Frau Meier, Frau Fix und Frau Schäufele kaufen gemeinsam 30 Glas Konfitüre im Sonderangebot für 90,00 €.
Frau Meier bekommt 19 Gläser,
Frau Fix bekommt 8 Gläser und
Frau Schäufele behält den Rest.
Wie viel muss jede der Frauen bezahlen?

Frau Meier: 19 · 3,00 € =

Frau Meier muss bezahlen.

Frau Fix: 8 · 3,00 € =

Frau Schäufele: 30 – 19 – 8 =

1. Das Geld aus der Trinkgeldkasse – 90,00 € – wird entsprechend des Arbeitsanteils im Verhältnis 5 : 4 : 3 aufgeteilt. Wie viel bekommen die einzelnen Personen?

Erste Person:

90,00 € : 12 · 5 =

Zweite Person:

Dritte Person:

Die erste Person bekommt

die zweite Person bekommt

und die dritte Person bekommt

2. Ein Gewinn von 20 000,00 € wird unter einer Spielgemeinschaft von drei Personen entsprechend des Wetteinsatzes aufgeteilt. Heike Fix erhält $^1/_3$ des Gewinns, Danny Johannsen erhält $^1/_5$ des Gewinns und Anja Bauer erhält den Rest. Wie viel erhält jedes Mitglied der Spielgemeinschaft?

Heike Fix:

Heike Fix erhält

Danny Johannsen:

Anja Bauer:

3. Niels Marquardt plant, sein Vermögen unter seinen drei Kindern im Verhältnis 8 : 6 : 4 aufzuteilen. Das erste Kind bekommt 200 000,00 €.
   a) Wie hoch ist die Erbschaft insgesamt?
   b) Wie viel bekommt das zweite Kind?
   c) Wie viel bekommt das dritte Kind?

a) Höhe der Erbschaft insgesamt:

Die Höhe der Erbschaft beträgt

b) Anteil des zweiten Kindes:

c) Anteil des dritten Kindes:

4. Die Nebenkosten in einer Seniorenwohnanlage werden nach Quadratmetern Wohnfläche auf die drei Wohnungen aufgeteilt.
   Wohnung A hat 60,00 m^2,
   Wohnung B hat 50,00 m^2 und
   Wohnung C hat 75,00 m^2.
   Die Nebenkosten für die drei Wohnungen belaufen sich pro Jahr auf 5 500,00 €.
   a) Wie viel muss Wohnung A monatlich zahlen?
   b) Wie viel muss Wohnung B monatlich zahlen?
   c) Wie viel muss Wohnung C monatlich zahlen?

Wohnfläche insgesamt:

a) Wohnung A: 60,00 m^2

Die Bewohner der Wohnung A

müssen monatlich

zahlen.

b) Wohnung B: 50,00 m^2

c) Wohnung C: 75,00 m^2

2. Mischungsrechnung

Beispielaufgabe:
Für einen Obstsalat werden 6 Teile Äpfel, 4 Teile Birnen und 2 Teile Bananen verwendet. Insgesamt werden 3,600 kg Obstsalat hergestellt. Wie viel kg der verschiedenen Obstsorten werden verwendet?

Ermittlung des Mischungsverhältnisses:

6 + 4 + 2 ≙ 12 Teile ≙ 3,600 kg

3,600 kg : 12 = kg

Ein Teil wiegt kg.

Berechnung der Obstmengen:

6 · 0,300 kg = kg Äpfel

4 · 0,300 kg = kg Birnen

2 · 0,300 kg = kg Bananen

Für den Obstsalat werden Äpfel, Birnen und Bananen benötigt.

1. Für ein Fruchtsaftgetränk werden Pfirsichsaft, Mangosaft und Zitronensaft im Verhältnis 5 : 3 : 1 gemischt. Wie viel Liter Mangosaft werden für 20 Liter Fruchtsaftgetränk benötigt?

Ermittlung des Mischungsverhältnisses:

Berechnung des Mangosaftanteils:

Es werden Mangosaft benötigt.

2. 4 ℓ Reinigungslösung werden aus 4 Teilen Reinigungskonzentrat und 36 Teilen Wasser hergestellt. Wie viel ℓ Reinigungskonzentrat werden für 10 ℓ Reinigungslösung benötigt?

Mischungsverhältnis:

Menge Reinigungskonzentrat:

Für 10 ℓ Reinigungslösung wird

3. 12 kg Möhren – Kilopreis 1,00 €, 8 kg Zuckererbsen – Kilopreis 2,50 € und 4 kg Spargelköpfe – Kilopreis 4,80 € werden zu Mischgemüse verarbeitet. Berechnen Sie den Preis für 1 kg Mischgemüse.

Preisberechnung: Gemüsesorten

Mengen- und Preisberechnung:

1 kg Mischgemüse kostet

4. Eine Kräutermischung aus Petersilie, Schnittlauch, Dill und Borretsch wird im Verhältnis 4 : 3 : 3 : 2 gemischt.
Welche Menge wird von den verschiedenen Kräutern für 1 kg Kräutermischung benötigt?

Für 1,000 kg Kräutermischung

werden g Petersilie,

g Schnittlauch, g Dill

und g Borretsch benötigt.

5. Für Kaffeesahne mit einem Fettgehalt von 10 % sollen Schlagsahne (30 % Fett) und Vollmilch (3,5 % Fett) gemischt werden.

a) In welchem Verhältnis müssen Schlagsahne und Vollmilch gemischt werden?

Mischungsverhältnis:

Differenz Fettgehalt

Schlagsahne

10 %

Vollmilch

Die Mischung besteht aus

Teilen Vollmilch und

Teilen Schlagsahne.

5. b) Wie viel Schlagsahne wird für 1 ℓ Kaffeesahne mit 10 % Fett benötigt?

Für 1 ℓ Kaffeesahne

6. 1 kg gemischtes Hackfleisch aus Schweinefleisch und Rindfleisch soll 9,50 € kosten.
1 kg Schweinefleisch kostet 8,30 €.
1 kg Rindfleisch kostet 11,50 €.
In welchem Verhältnis müssen Schweinefleisch und Rindfleisch gemischt werden?

9,50 €

Schweinefleisch und Rindfleisch

müssen im Verhältnis zu

gemischt werden.

3. Zahlen können größer (>) oder kleiner (<) sein

Beispiele:

10 > 5

5 < 8

1. Ergänzen Sie das fehlende Zeichen < oder = oder >.

a)	10 cℓ	1 dℓ
b)	$\frac{1}{8}$ ℓ	125 mℓ
c)	$2\ cm^2 \cdot 3$	$8\ cm^2$
d)	$\frac{1}{4}$ kg	250 g
e)	1 Pfund	$\frac{1}{2}$ kg
f)	1 km	100 m
g)	$\frac{1}{3}$	3,33
h)	10 mℓ	1 dℓ
i)	$10\ cm^2 \cdot 2\ cm$	$20\ cm^3$
j)	1 ztr.	25 kg
k)	1 g Fett	39 kJ
l)	2^4	18
m)	8 kcal	33,44 kJ
n)	2 000 kJ	600 kcal

4. Ermittlung des jeweiligen Vorzeichens: plus (+) oder minus (–)

1. Lösen Sie die folgenden Aufgaben, indem Sie zugleich die jeweiligen Vorzeichen der Ergebnisse ermitteln.

Beispiel:

$-5 \cdot -5 = +25$

Weitere Aufgaben:

a)	$-36 : -6 =$
b)	$+6 \cdot -6 =$
c)	$-120 : +12 =$
d)	$+336 : -3 =$
e)	$-55 : -5 =$
f)	$-9 \cdot +9 =$
g)	$+12 \cdot +12 =$
h)	$+6\ c\ell \cdot -4 =$
i)	$+2\ cm^2 : -2\ cm^2 =$
j)	$-88 : -4 =$
k)	$+9\ kg \cdot -10 =$

2. Ergänzen Sie die folgenden Sätze durch die Begriffe plus oder minus:

a)	Plus dividiert durch plus =
b)	Minus dividiert durch minus =
c)	Plus multipliziert mit plus =
d)	Plus dividiert durch minus =
e)	Minus multipliziert mit plus =
f)	Plus multipliziert mit minus =
g)	Minus multipliziert mit minus =
h)	Minus dividiert durch plus =

5. Rechnen mit Klammerwerten

Wenn in Aufgaben Klammerwerte vorkommen, müssen diese in der richtigen Reihenfolge aufgelöst werden.

Generell gilt:
- **Punktrechnung** · und : wird vor
- **Strichrechnung** + und – gelöst.

Lösen Sie folgende Aufgaben.

a) (5 cℓ + 6 cℓ – 3 cℓ) · 6 =

b) 7 · (9 – 7) + 18 =

c) (240 : 8) + (12 : 3) =

d) [(63 : 9) + 23] · 3 =

e) (5 mℓ + 10 cℓ) · 4 =

f) (460 + 16) · 3 + 120 =

g) (95 – 15) : 20 + 12 =

h) (5,000 kg + 600 g) : 2 – 200 mg
=

6. Potenzen

Bei der Berechnung von Flächen und von Volumen wird die Potenzrechnung angewendet. Die Potenzrechnung ist eine besondere Form der Multiplikation.

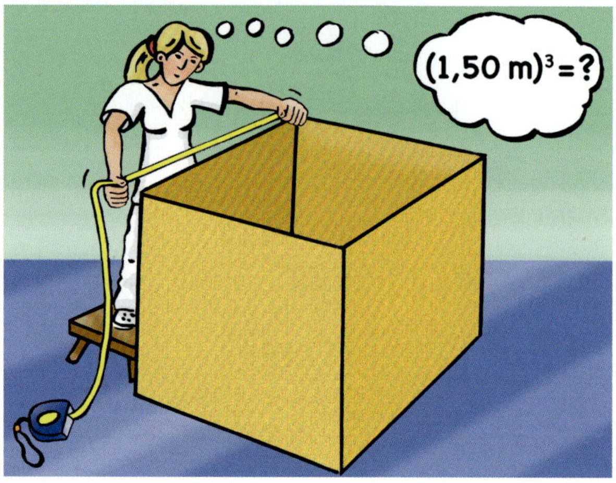

Beispiel:

$1{,}50\ m \cdot 1{,}50\ m \cdot 1{,}50\ m = 3{,}375\ m^3$

Lösen Sie die folgenden Aufgaben.

a) $3^3 + 2^2 =$

b) $12\ m^2 + 33\ m^2 =$

c) 20 m · 0,6 m =

d) 5 cm · 6 cm · 9 cm =

e) $8\ m^2 - 6\ m^2 =$

f) 0,5 m · 60 cm =

1. Rechnen mit Längen- und Flächenmaßen

1. Ergänzen Sie in der Umrechnungstabelle die fehlenden Längenmaße.

Meter (m)	Dezimeter (dm)	Zentimeter (cm)	Millimeter (mm)	Mikrometer (µm)
1	≙ 10	≙ ________	≙ 1 000	≙ 1 000 000
	1	≙ 10	≙ ________	≙ 100 000
		1	≙ 10	≙ 10 000
			1	≙ ________

Außerdem gibt es folgende Längenmaße: 1 Kilometer (km) ≙ 1 000 m
1 Hektometer (hm) ≙ 100 m
1 Dekameter (dam) ≙ 10 m

Umrechnung: m → dm → cm → mm

Bei der Umrechnung Komma jeweils eine Stelle nach rechts. **Beispiel:** 1 cm ≙ 10 mm

Umrechnung: mm → cm → dm → m

Bei der Umrechnung Komma jeweils eine Stelle nach links. **Beispiel:** 1 mm ≙ 0,1 cm

2. Ermitteln Sie die genaue Länge der folgenden Striche
a) in Zentimeter (cm),
b) in Meter (m),
c) in Millimeter (mm).

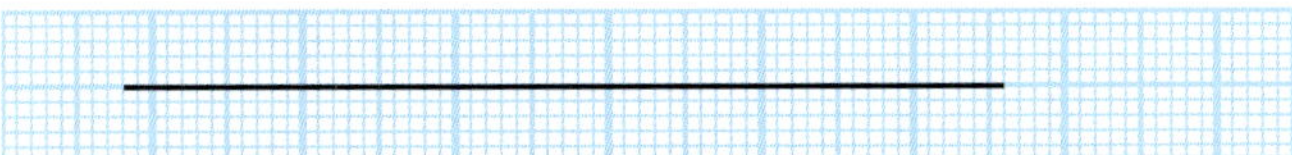

a) Länge des Strichs cm

b)

c)

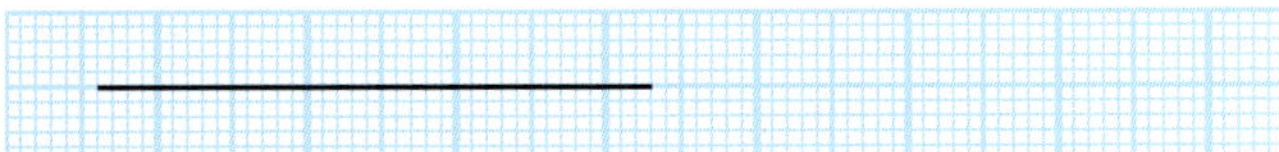

a)

b)

c)

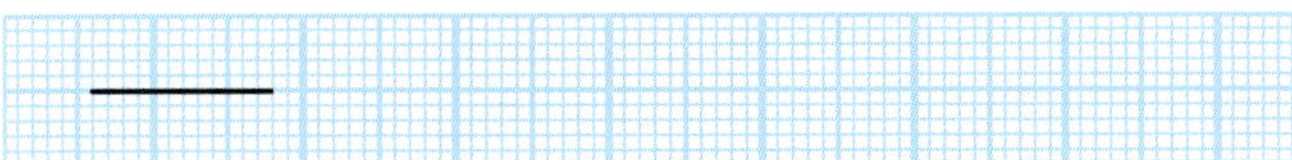

a)

b)

c)

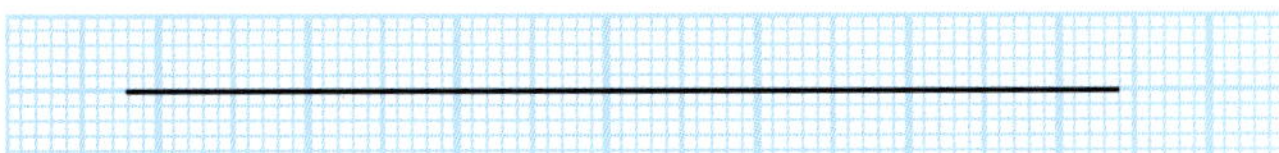

a)

b)

c)

3. Rechnen Sie um in Zentimeter (cm).

a) 2,52 m ≙ ≙

b) 1,500 km

c) 600 mm

d) 34 dm

e) 1,000 km + 6,98 m

+ 999 mm + 0,789 km =

4. Rechnen Sie um in Meter (m).

a) 45,5 mm ≙ cm

≙ dm ≙ m

b) 0,5 cm

c) 1,758 km

d) 789 dm

5. Rechnen Sie um in Kilometer (km).

a) 7 000 m ≙ km

b) 365 m

c) 500 cm

d) 13,4 dm

6. Im Baumarkt wird Gartenschlauch von Rollen mit 120 m verkauft. Folgende Mengen werden in einer Woche verkauft:
Montag: 18,20 m,
Dienstag: 37,60 m,
Mittwoch: 25,60 m,
Donnerstag: 30,00 m,
Freitag: 4,00 m.

a) Wie viel Meter Gartenschlauch können am Sonnabend noch verkauft werden?
b) Wenn weniger als 40 m Schlauch vorhanden sind, muss nachbestellt werden. Wann muss nachbestellt werden?
c) Ein Meter Schlauch wiegt 350 g. Wie viel Kilogramm muss der Kunde tragen, der 18,20 m Schlauch gekauft hat?

a)

Am Sonnabend kann noch

Schlauch verkauft werden.

b)

Am muss

nachbestellt werden.

c)

Der Kunde muss

tragen.

7. Ergänzen Sie in der Umrechnungstabelle die fehlenden Flächenmaße.

Quadratmeter (m^2)	Quadratdezimeter (dm^2)	Quadratzentimeter (cm^2)	Quadratmillimeter (mm^2)
1	≙ ______	≙ 10 000	≙ 1 000 000
	1	≙ ______	≙ 10 000
		1	≙ ______

Umrechnung: m^2 → dm^2 → cm^2 → mm^2

Bei der Umrechnung Komma jeweils zwei Stellen nach rechts. **Beispiel:** 1 cm^2 ≙ 100 mm^2

Umrechnung: mm^2 → cm^2 → dm^2 → m^2

Bei der Umrechnung Komma jeweils zwei Stellen nach links. **Beispiel:** 1 mm^2 ≙ 0,01 cm^2

Quadrat
Berechnung von Umfang und Fläche

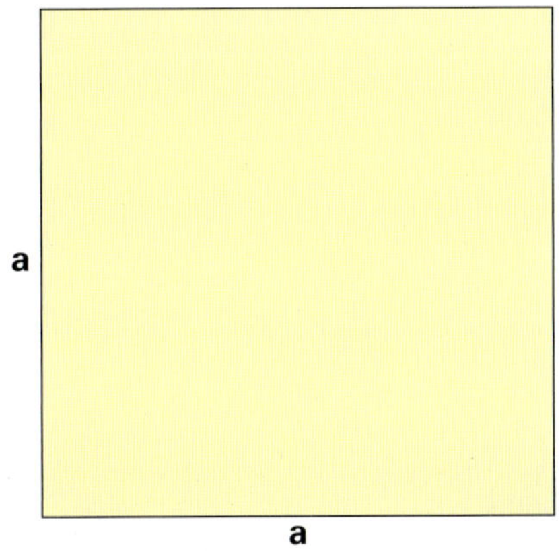

Umfang (U)
U = 4 · a

Fläche (A)
A = a · a

Beispielaufgabe Umfang (U):

a = 5 cm U = 4 · 5 cm =

Der Umfang des Quadrats beträgt

Beispielaufgabe Fläche (A):

A = 5 cm · 5 cm =

Die Fläche des Quadrats beträgt

1. Berechnen Sie von einer quadratischen Tischdecke 80 cm × 80 cm
a) den Umfang in Metern,
b) die Fläche in Quadratmetern.

a) Umfang, allgemeine Formel:

a =

Umfang: cm = cm

≙ m

Der Umfang der Tischdecke beträgt

b) Fläche, allgemeine Formel:

Fläche:

cm^2 ≙ dm^2

≙ m^2

Die Fläche

2. Berechnen Sie
   a) den Umfang,
   b) die Fläche
   eines Tisches 0,95 m × 0,95 m.

a) Umfang:

b) Fläche:

Rechteck
Berechnung von Umfang und Fläche

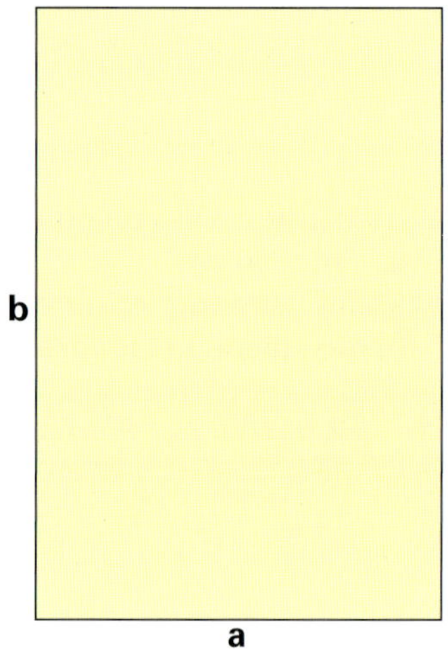

Umfang (U)
$U = 2a + 2b = 2(a + b)$

Fläche (A)
$A = a \cdot b$

Beispielaufgabe Umfang (U):

a = 4 cm, b = 6 cm

U = 2 a + 2 b

2 · 4 cm + 2 · 6 cm =

Der Umfang des Rechtecks beträgt

Beispielaufgabe Fläche (A):

A = a · b   4 cm · 6 cm =

Die Fläche des Rechtecks beträgt

1. Berechnen Sie
   a) den Umfang in Metern,
   b) die Fläche in Quadratmetern
   einer rechteckigen Tischdecke
   mit den Maßen 80 cm × 120 cm.

a) Umfang, allgemeine Formel:

U =

Der Umfang der Tischdecke

beträgt

b) Fläche, allgemeine Formel:

A =

2. Berechnen Sie
   a) den Umfang,
   b) die Fläche
   eines rechteckigen Teppichs mit den Maßen 90 cm × 1,62 m in Metern bzw. Quadratmetern.

a) Umfang des Teppichs:

b) Fläche des Teppichs:

3. a) Berechnen Sie die Fläche eines Zimmers, das eine Länge von 5,00 m und eine Breite von 3,50 m hat.

Fläche des Zimmers:

3. b) Das Zimmer soll mit Teppichfliesen mit einer Größe 50 cm × 50 cm ausgelegt werden. Wie viele Teppichfliesen werden benötigt?

Fläche einer Teppichfliese:

Zimmerfläche:

Für das Auslegen des Zimmers werden Teppichfliesen benötigt.

Dreieck
Berechnung von Umfang und Fläche

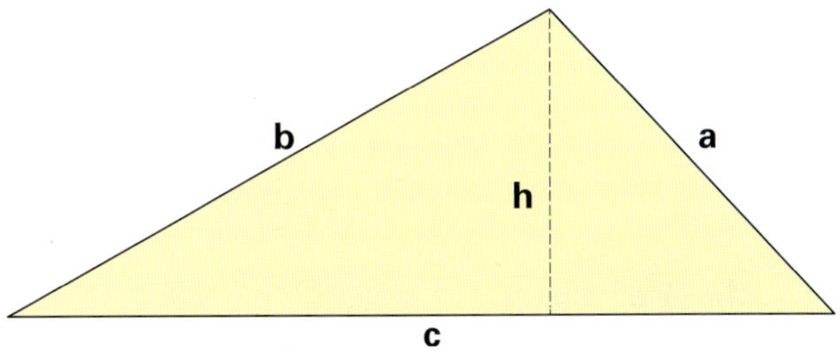

Umfang (U) $U = a + b + c$

Fläche (A) $A = \frac{c \cdot h}{2}$

1. Ermitteln Sie bei dem abgebildeten Dreieck die Länge der einzelnen Seiten.

a = cm

b = cm

c = cm

b) Ermitteln Sie die Höhe des Dreiecks.

h = cm

Beispielaufgabe Umfang (U):
a = 7 cm c = 10 cm
b = 6 cm h = 4 cm

U =

Das Dreieck hat einen Umfang von

cm.

Beispielaufgabe Fläche (A):

A =

Das Dreieck hat eine Fläche von

2. a) Ein Dreiecktuch mit folgenden Seitenlängen soll mit Spitze verziert werden.
a = 80 cm b = 80 cm c = 120 cm
Berechnen Sie für den Einkauf der Spitze zunächst den Umfang des Dreiecktuchs in Meter.

U =

Für die Verzierung des Dreiecktuchs

werden Spitze benötigt.

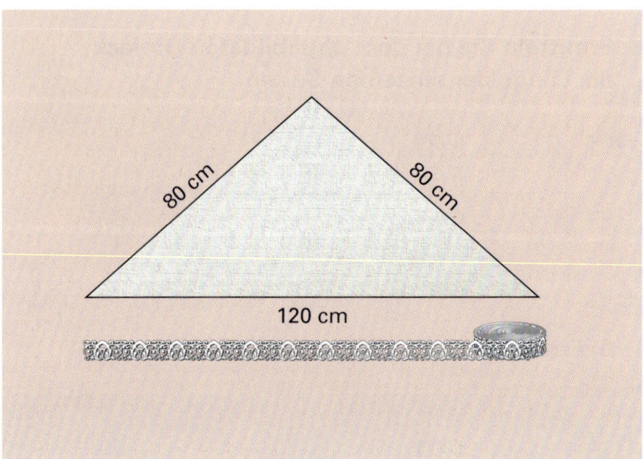

2. b) Außerdem soll nun noch die Fläche des Dreiecktuchs in Quadratmetern berechnet werden.
h = 53 cm c = 120 cm

A =

3. Wie viele Dreiecke erkennen Sie in der folgenden Zeichnung?

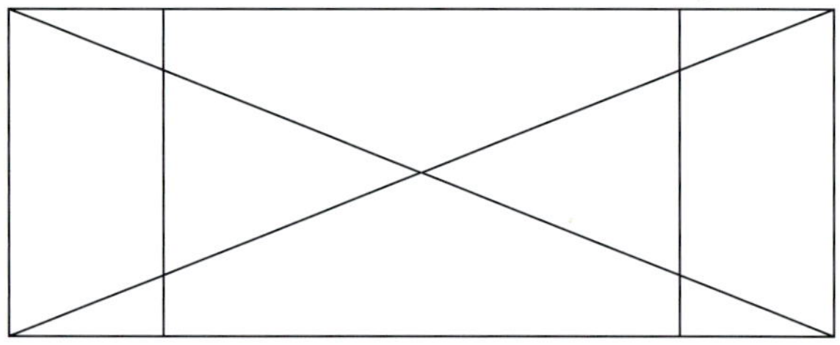

4. a) Zeichnen Sie ein Dreieck mit folgenden Seitenlängen:
a = 3 cm b = 5 cm c = 6 cm

4. b) Ermitteln Sie die Höhe des Dreiecks.

Kreis
Berechnung von Umfang und Fläche

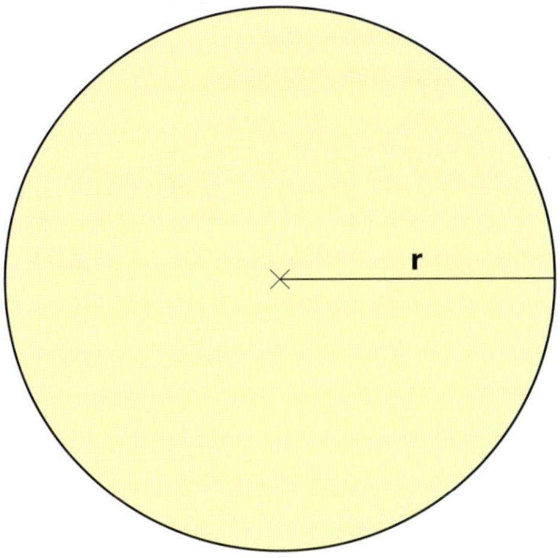

Umfang (U)
$U = 2 \cdot r \cdot \pi$
$\pi = 3{,}14$

Fläche (A)
$A = r^2 \cdot \pi$

1. Ermitteln Sie bei dem abgebildeten Kreis die Länge des Radius (r) in cm.

r =

Beispielaufgabe Umfang (U):
Der Umfang eines Kreises mit einem Durchmesser von 1 m soll berechnet werden.

$r = 50$ cm $U = 2 r \cdot \pi$ (3,14)

U = $\cdot\, 3{,}14 =$

≙

Der Kreis hat einen Umfang von

Beispielaufgabe Fläche (A):
Die Fläche eines Kreises mit einem Radius von 50 cm soll berechnet werden.

$A = r^2 \cdot \pi$ $r = 50$ cm $\pi = 3{,}14$

A =   · $\cdot\, 3{,}14$

=

Der Kreis hat eine Fläche von

2. Eine runde Tischdecke mit einem Durchmesser von 1,40 m soll mit farbigem Schrägstreifen eingefasst werden. Wie viel Schrägstreifen wird benötigt?

Tischdecke: r =

Es werden   Schrägstreifen benötigt.

3. a) Es soll ein Set in Form eines Halbkreises gefertigt werden. Die untere Linie des Sets soll 60 cm lang sein. Berechnen Sie die Fläche des Sets in Meter.

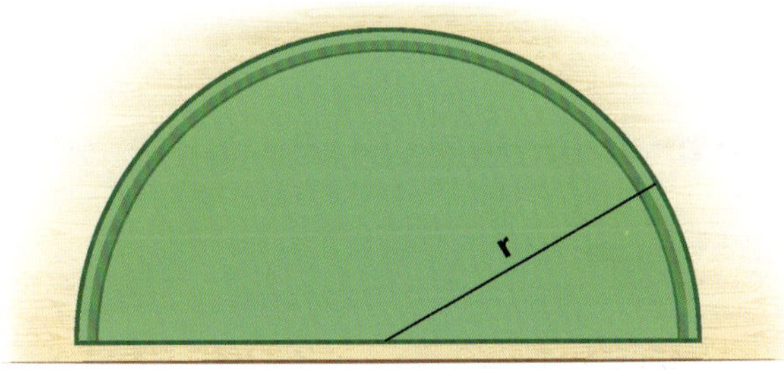

Das Set hat eine Fläche von

3. b) Auf die Rundung des Sets soll eine Borte gesteppt werden. Wie viel Meter Borte werden benötigt?

Es werden   Borte benötigt.

2. Maßstabsgerecht zeichnen

Beispielaufgabe:
Eine 1,00 m lange Strecke ist in einer Grundrisszeichnung mit 2 cm abgetragen. In welchem Maßstab erfolgte die Zeichnung der Strecke?

Strecke in Wirklichkeit:

Strecke in der Zeichnung:

1,00 m : 0,02 m =

Die Strecke wurde im

Maßstab gezeichnet.

1. Eine 4,60 m lange Wand eines Zimmers wurde in einer Grundrisszeichnung mit 11,5 cm eingetragen. In welchem Maßstab erfolgte die Darstellung der Wand in der Grundrisszeichnung?

Die Wand wurde im Maßstab

eingetragen.

2. Die Umrisse einer Küche sollen im Maßstab 1:35 gezeichnet werden. Die Seitenlänge der Küche beträgt 4,20 m, die Seitenbreite 2,10 m. Ermitteln Sie die jeweilige
a) Seitenlänge und
b) Seitenbreite der Küche in der Zeichnung.

a) Seitenlänge der Küche:

4,20 m : 35 =

Die Seitenlänge der Küche in der Zeichnung beträgt

b) Seitenbreite der Küche:

Die Seitenbreite

3. Ein rechteckiges Haus ist außen 12,00 m lang und 9,00 m breit. Die Außenmauern sind 30 cm dick. Berechnen Sie die
a) Länge des Hauses,
b) Breite des Hauses,
c) Dicke der Außenmauern
in der Zeichnung im Maßstab 1:50.

a) Seitenlänge des Hauses:

Die Seitenlänge des Hauses in der Zeichnung beträgt

b) Seitenbreite des Hauses:

c) Dicke der Außenmauern:

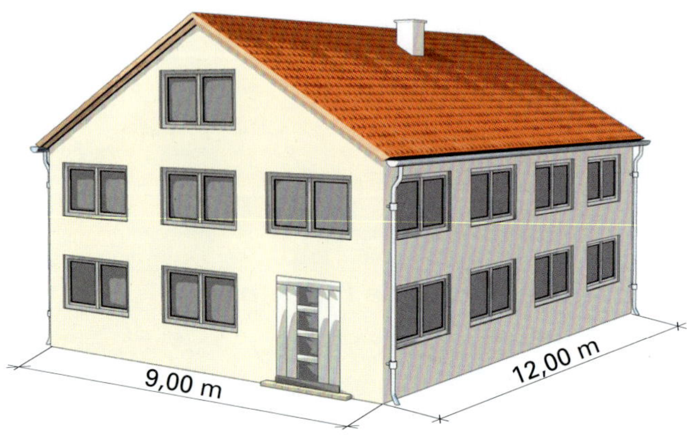

4. Zeichnen Sie den Grundriss des Hauses, vgl. S. 60, Aufgabe 3, also die Außenmauern, im Maßstab 1:50.

5. Entwickeln Sie Vorschläge für die weitere Gestaltung des Grundrisses: Räume, Fenster und Türen.

6. Zeichnen Sie maßstabsgerecht (Maßstab 1:20) den Grundriss folgender Küche:
- **Die Küche ist 3,40 m lang und 2,40 m breit.**
- **In der linken Längswand befindet sich am unteren Ende ein 2,00 m breites Fenster, das in Tischhöhe beginnt.**
- **In der rechten Längswand befindet sich am unteren Ende eine 0,80 m breite Türöffnung.**
- **Die Einrichtung der Küche soll in U-Form erfolgen.**

Umrechnung: Maßstab 1:20

Wand: 3,40 m ≙ cm 340 cm : 20 =

Wand: 2,40 m

Fenster: 2,00 m

Tür: 0,80 m

3. Ermittlung von Zimmergrößen

Der abgebildete Grundriss ist im Maßstab 1:100 gezeichnet.

1. Ermitteln Sie die Quadratmeterzahl der verschiedenen Räume.

a) Messen Sie dazu zunächst Länge (L) und Breite (B) der verschiedenen Räume in cm.

b) Berechnen Sie die Quadratmeterzahl der Räume.

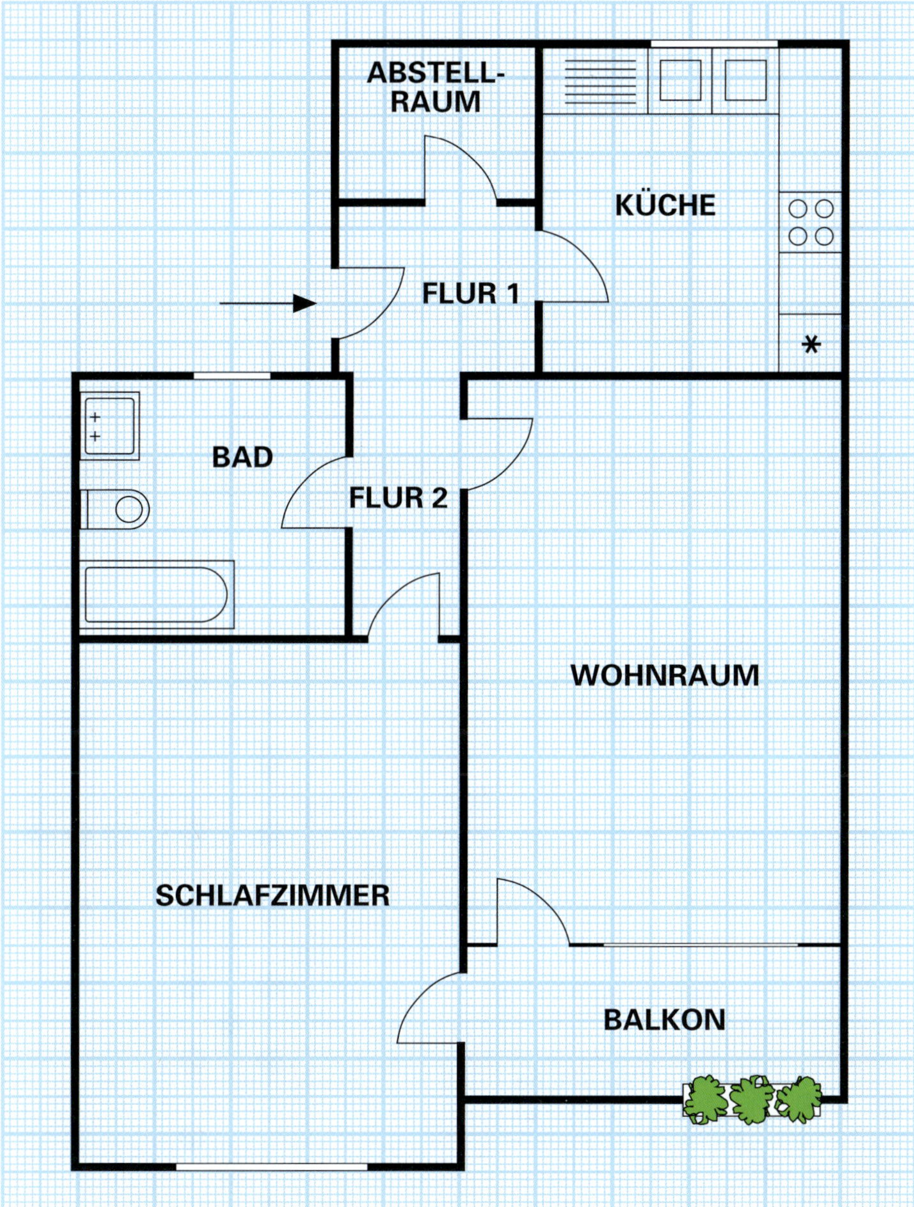

Wohnraum:
L cm, B cm

Schlafzimmer:
L cm, B cm

Küche:
L cm, B cm

Bad:
L cm, B cm

Flur 1:
L cm, B cm

Flur 2:
L cm, B cm

Abstellraum:
L cm, B cm

Balkon:
L cm, B cm

Quadratmeterzahlen der abgebildeten Räume einer Wohnung:

Wohnraum: m^2	Flur 1: m^2
Schlafzimmer: m^2	Flur 2: m^2
Küche: m^2	Abstellraum: m^2
Bad: m^2	Balkon: m^2

4. Raum- und Oberflächenberechnung

1. Ergänzen Sie in der Umrechnungstabelle die fehlenden Raummaße.

Kubikmeter (m^3)	Kubikdezimeter (dm^3)	Kubikzentimeter (cm^3)	Kubikmillimeter (mm^3)
1	≙ 1000 dm^3 ≙ 1000 ℓ	≙ ______	≙ 1000000000
	1 dm^3 ≙ 1 ℓ	≙ 1000	≙ ______
		1	≙ ______

Umrechnung: m^3 → dm^3 ≙ 1 ℓ → cm^3 → mm^3

Bei der Umrechnung Komma jeweils drei Stellen nach rechts. **Beispiel:** 1 m^3 ≙ 1000 dm^3

Umrechnung: mm^3 → cm^3 → dm^3 ≙ 1 ℓ → m^3

Bei der Umrechnung Komma jeweils drei Stellen nach links. **Beispiel:** 1 dm^3 ≙ 0,001 m^3

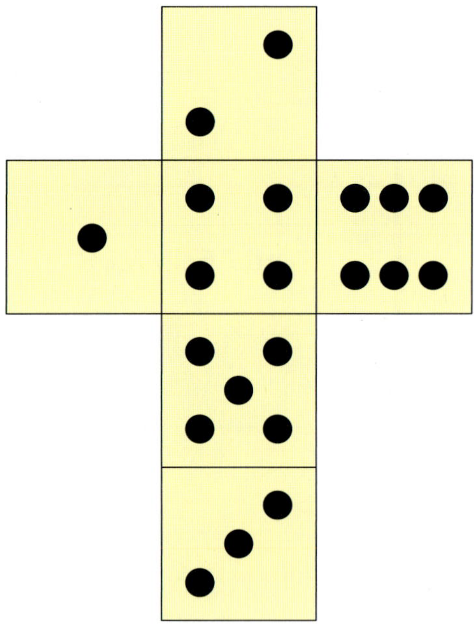

Würfel
Berechnung von Rauminhalt und Oberfläche

Volumen (V)
$V = a \cdot a \cdot a$

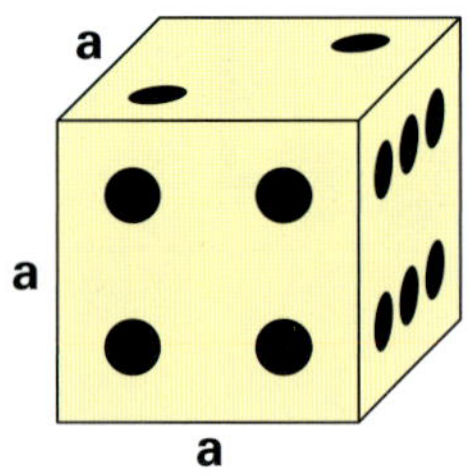

Oberfläche
$O = 6(a \cdot a)$

1. a) Berechnen Sie den Rauminhalt, das Volumen eines Spielwürfels. Die Kanten (a) sind 2 cm lang.

Volumen (V) =

Der Spielwürfel

1. b) Berechnen Sie die Oberfläche des Spielwürfels. Die Kanten (a) sind 2 cm lang.

Rechteckige, längliche Gegenstände Berechnung von Volumen und Oberfläche

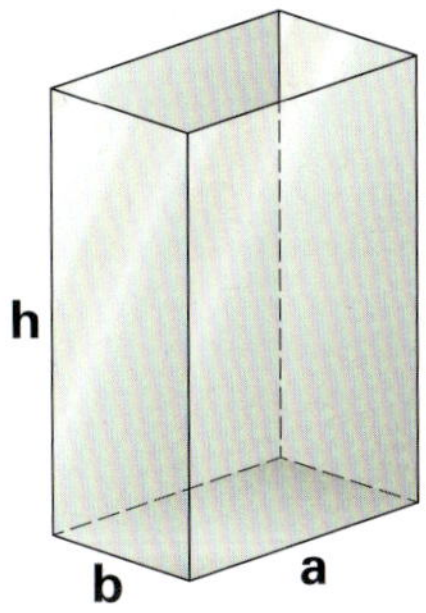

Volumen (V)
V = a · b · h

1. a) **Die abgebildete Vase soll bis 1 cm unter dem oberen Rand mit Wasser gefüllt werden. Berechnen Sie, wie viel Liter Wasser in die Vase passen.**
a = 10 cm, b = 6 cm, h = 15 cm

V =

In die Vase passen   Wasser.

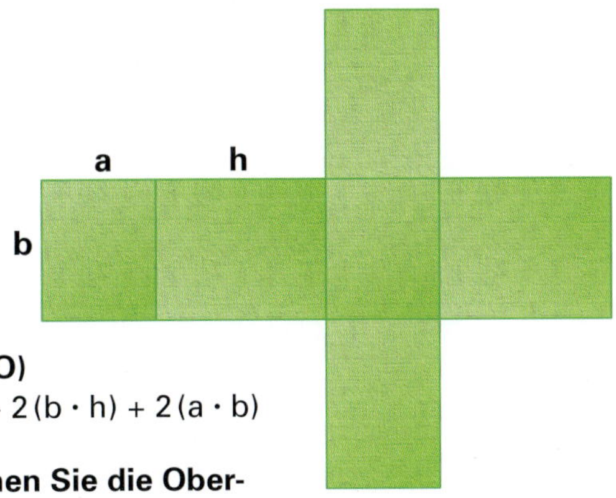

Oberfläche (O)
O = 2 (a · h) + 2 (b · h) + 2 (a · b)

1. b) **Berechnen Sie die Oberfläche eines rechteckigen Sitzkissens.**
a = 40 cm, b = 50 cm, h = 60 cm

Das Sitzkissen hat eine Oberfläche

von

Zylinderförmige Gegenstände Berechnung von Volumen und Oberfläche

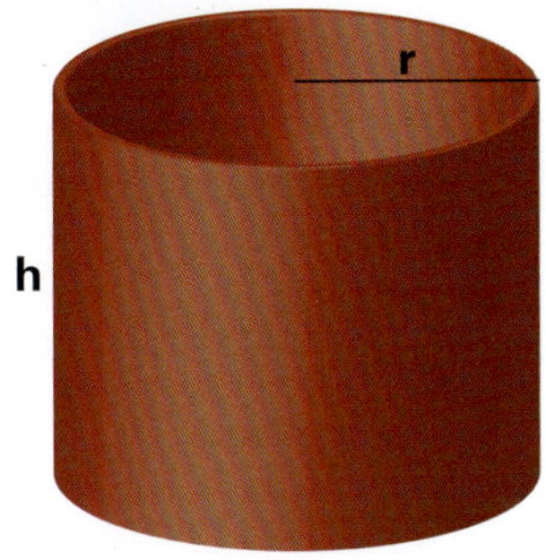

Volumen (V)
V = r · r · π · h

1. **Ein Blumenkübel hat innen einen Durchmesser von 60 cm und eine Höhe von 50 cm. Berechnen Sie das Volumen des Blumenkübels.**

Der Blumenkübel hat ein Volumen von

Mantel des zylinderförmigen Gegenstands (M)

M = 2 r · π · h

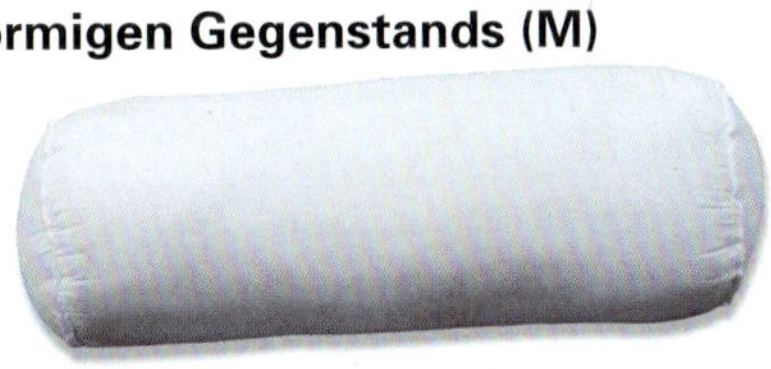

2. **Für eine Nackenrolle mit einem Durchmesser von 18 cm und einer Länge von 40 cm soll ein Bezug genäht werden. Wie viel Stoff wird benötigt?**
a) Berechnen Sie Umfang und Fläche der Nackenrolle.
b) Wie viel Stoff wird benötigt, wenn der Stoff 80 cm breit liegt?

a) Umfang:

Fläche:

b)

1. Kurven zeichnen

1. **Gewichtskurve**
   Klaus Langsam wiegt 95 kg bei einer Körpergröße von 1,75 m. Berechnen Sie den BMI von Klaus Langsam.

BMI von Klaus Langsam:

2. **Heike Fix wiegt 57 kg bei einer Körpergröße von 176 cm. Berechnen Sie den BMI von Heike Fix.**

BMI von Heike Fix:

3. **Berechnen Sie, wie viel Klaus Langsam abnehmen muss, damit er einen BMI von 27 erreicht.**

BMI 27:

4. **Zeichnen Sie eine Gewichtskurve für die Reduktionsdiät von Klaus Langsam. Er will pro Monat 2 kg abnehmen und einen BMI von 27 erreichen. Start bei 95 kg.**

Gewichtskurve für die Reduktionsdiät

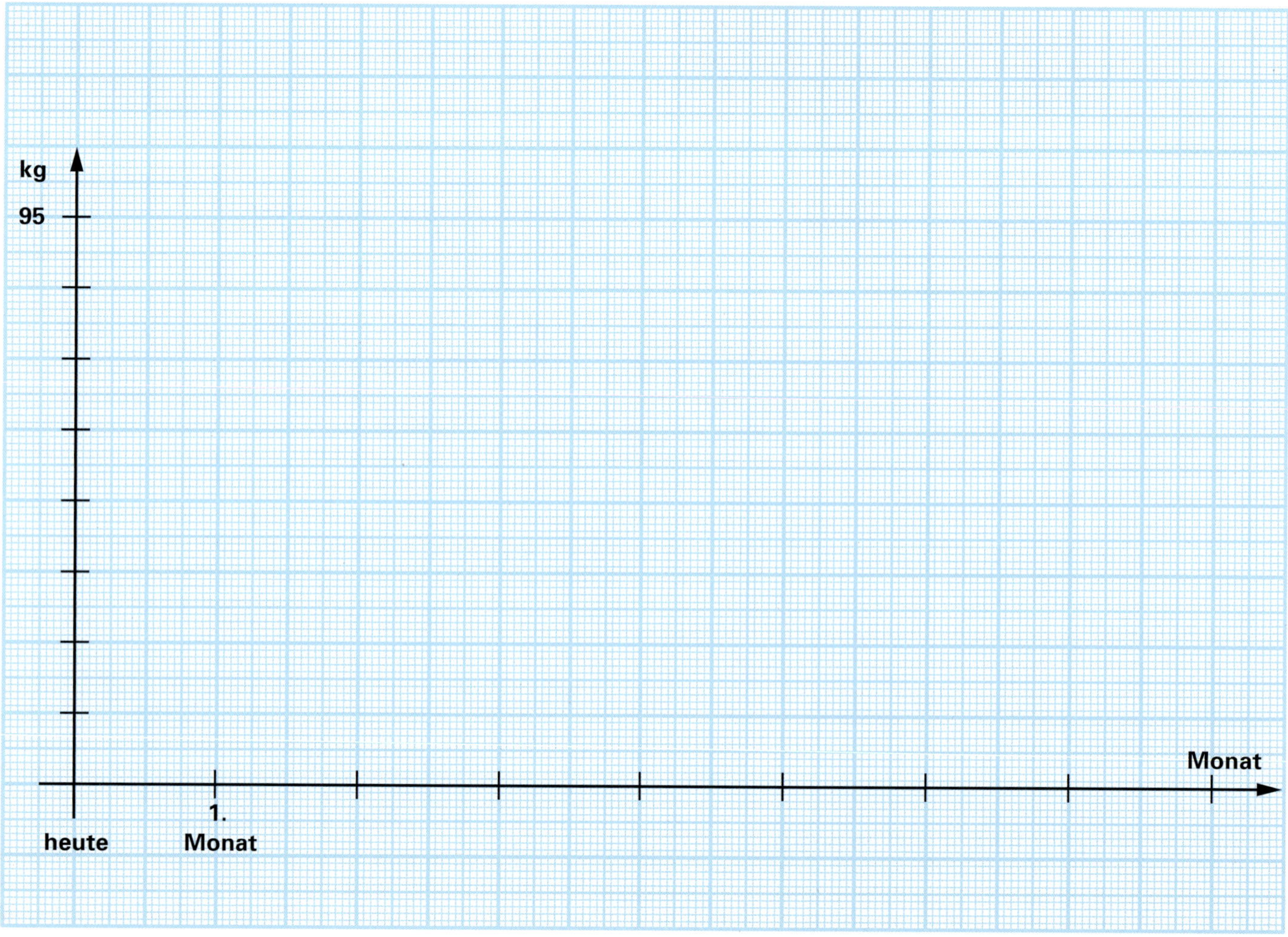

5. Fieberkurve

Ein Gruppenmitglied in der Einrichtung „Drachensee" für Menschen mit Behinderungen hat seit einigen Tagen hohes Fieber.
Michael König soll aufgrund dieser Tatsache eine Fieberkurve erstellen.
Erstellen Sie mithilfe der Daten in der rechten Spalte eine Fieberkurve.

Morgens bzw. abends gemessene Körpertemperatur

Datum	morgens	abends
1. 8.	38,5 °C	39,5 °C
2. 8.	39,6 °C	40,0 °C
3. 8.	39,4 °C	40,1 °C
4. 8.	39,6 °C	39,5 °C
5. 8.	38,6 °C	40,0 °C
6. 8.	38,3 °C	38,9 °C
7. 8.	38,0 °C	38,5 °C
8. 8.	37,8 °C	38,0 °C
9. 8.	37,8 °C	37,9 °C
10. 8.	37,5 °C	37,6 °C
11. 8.	37,5 °C	37,5 °C

Fieberkurve – Körpertemperatur

2. Umrechnung von Zeiteinheiten

1 Jahr ≙ 12 Monate ≙ 52 Wochen ≙ 365 Tage
1 Tag (d) ≙ 24 Stunden (h) ≙ 1 440 Minuten
1 Stunde (h) ≙ 60 Minuten (min) ≙ 3 600 Sekunden
1 Minute (min) ≙ 60 Sekunden (s)

1. Rechnen Sie um in Stunden (h).

a) 15 min

b) 360 min

c) 75 min

d) 450 min

e) 20 min

f) 200 min

g) 20 min + 1,5 h + 45 min + 10 min

=

2. Rechnen Sie um in Minuten (min).

a) $\frac{1}{2}$ Stunde

b) $\frac{1}{3}$ Stunde

c) $\frac{1}{8}$ Stunde

d) $\frac{1}{5}$ Stunde

e) $\frac{3}{4}$ Stunde

f) $\frac{2}{3}$ Stunde

3. Rechnen Sie um in Minuten (min).

a) 0,2 h

b) 0,7 h

c) 0,9 h

d) 0,4 h

e) 0,5 h

f) 0,3 h

g) 0,2 h + 0,7 h + 0,9 h + 0,3 h

=

4. Anja Bauer schreibt in ihren Tätigkeitsbericht: „Habe von 8:05 Uhr bis 15:36 Uhr im Hofladen Regale aufgefüllt.“ Sie hatte während dieser Zeit eine halbe Stunde Mittagspause. Wie viele Stunden und Minuten hat Anja Bauer diese Tätigkeit ausgeführt?

Arbeitsbeginn:

Anja Bauer

5. Für die Erstellung eines Büfetts werden folgende Arbeitszeiten notiert:
   - Hauswirtschafterin 4,2 Stunden,
   - Hauswirtschaftshelfer 2,3 Stunden,
   - Hauswirtschaftsmeister 1,25 Stunden.

   Berechnen Sie die Gesamtarbeitszeit der drei Personen in Stunden für die Erstellung des Büfetts.

Addition der Arbeitszeiten:

6. Danny Johannsen ist pro Tag 9 Stunden im Betrieb.
   Für die Reinigung der Räume der Hausbewohner hat er pro Person 0,3 h Zeit.
   Für die Bereitstellung und das Wegräumen der Arbeitsgeräte benötigt Danny Johannsen 20 Minuten.
   Mittags hat Danny Johannsen eine halbe Stunde Pause. Die Frühstückspause dauert 15 Minuten.
   Für wie viele Hausbewohner kann Danny Johannsen aufgrund seiner Arbeitszeit täglich arbeiten?

Arbeitszeit:

7. Ein ausländischer Gast, Mr. Koja, wohnt vom 2.2. bis zum 3.5.2011 in der Jugendherberge in Freiburg. Kurz vor der Abreise erkundigt er sich nach der Anzahl der Übernachtungen.
   Er will Geld eintauschen.
   Wie viele Übernachtungen muss Mr. Koja bezahlen?

Übernachtungen pro Monat:

Feb.:

8. Berechnen Sie, wie viele Stunden und Minuten Sie pro Monat
   a) im Betrieb,
   b) in der Berufsschule sind.

a) Betrieb:

b) Berufsschule:

3. Alkoholgehalt in Getränken und Blutpromille

Der Alkoholgehalt in Getränken wird in Vol-% angegeben. Aber wie viel Alkohol in Gramm ist in den Getränken wirklich enthalten?

Alkohol ist leichter als Wasser, da Alkohol eine geringere Dichte hat. Das Volumen des Alkohols (mℓ) wird aus diesem Grund mit 0,79 multipliziert.

Beispielaufgabe:
Auf einer Bierflasche steht die Angabe 4,8 Vol-%. Ein Gast trinkt in kurzer Zeit 1 Liter von diesem Bier und möchte nun wissen, wie viel Gramm Alkohol er mit dem Bier zu sich genommen hat.

1 ℓ ≙ 1 000 mℓ ≙ 100 %

x mℓ ≙ 4,8 % ≙ 48 mℓ

$48 \cdot 0{,}79 = 37{,}92$ g

In 1 Liter von diesem Bier sind

37,92 g Alkohol (Ethanol)

enthalten.

1. Ein Gast trinkt 4 cℓ Weinbrand (40 Vol-%). Wie viel Gramm Alkohol hat der Gast mit 4 cℓ Weinbrand aufgenommen?

In 4 cℓ Weinbrand sind

Alkohol (Ethanol) enthalten.

2. Klaus Langsam trinkt 0,2 ℓ Rotwein (13 Vol-%). Wie viel Gramm Alkohol hat Klaus Langsam mit 0,2 ℓ Rotwein aufgenommen?

3. Welches der folgenden Getränke liefert die höchste Menge an Alkohol?
a) 0,4 ℓ Bier, 4,6 Vol-%
b) 4 cℓ Weinbrand, 38 Vol-%
c) 200 mℓ Weißwein, 12 Vol-%

a)

b)

c)

0,4 ℓ Bier enthalten

Alkohol. 4 cℓ Weinbrand enthalten

Alkohol.

200 mℓ Weißwein enthalten

Alkohol.

hat den höchsten

Alkoholgehalt.

Kraftfahrer mit einem Blutalkoholgehalt von 0,5‰ sind bereits nicht mehr fahrtüchtig.

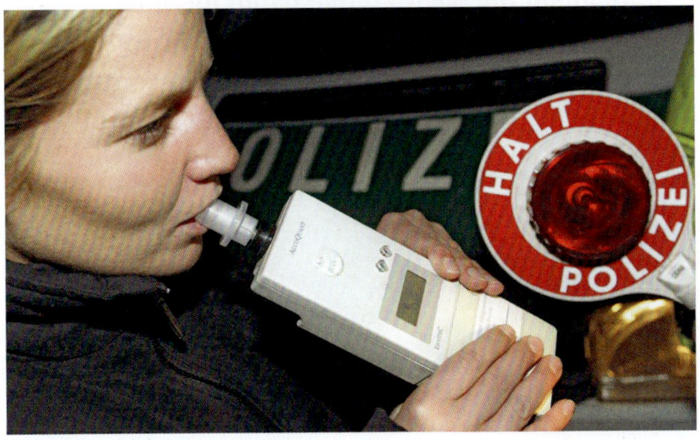

Für die Berechnung des Blutalkoholgehaltes eines Menschen gibt es folgende Formel:

BAK – Blutalkoholkonzentration

A – aufgenommener Alkohol in g

p – Körpergewicht in kg

r – Risikofaktor beim Mann 0,7, bei der Frau 0,6

$$\textbf{BAK} = \frac{A}{p \cdot r}$$

Beispielaufgabe:
Danny Johannsen wiegt 75 kg.
Er trinkt 0,5 ℓ Exportbier mit 5,5 Vol-%.
Wie hoch ist sein Blutalkoholgehalt?

500 mℓ ≙ 100 %

x mℓ ≙ 5,5 %   5,5 % = 27,5 mℓ

27,5 · 0,79 = 21,73 g

$$\text{BAK} = \frac{21{,}73}{75 \cdot 0{,}7} = \frac{21{,}73}{52{,}5} =$$

Danny Johannsen

1. Wie hoch ist der Blutalkoholgehalt von Heike Fix, wenn sie 100 mℓ Sekt mit 12 Vol-% und 0,25 ℓ Rotwein mit 12 Vol-% trinkt. Sie wiegt 55 kg.

Heike Fix hat jetzt einen

Blutalkoholgehalt von

2. a) Wie hoch ist der Blutalkoholgehalt, wenn Klaus Langsam 4 cℓ Whisky mit 43 Vol-% trinkt. Klaus Langsam wiegt 80 kg.
b) Berechnen Sie außerdem den Blutalkoholgehalt von Heike Fix nach 4 cℓ Whisky mit 43 Vol-%.

a) Klaus Langsam:

b) Heike Fix

1. Kostenrechnung für Rezepturen

1. Berechnen Sie die Materialkosten für eine Rezeptur Blitzkuchen (16 Stück).

Menge	Lebensmittel	Einzelpreis in €		Endpreis in €
250 g	Margarine	1 kg	2,38 €	
250 g	Zucker	1 kg	0,92 €	
4	Eier	10 Eier	2,49 €	
500 g	Mehl	1 kg	0,99 €	
4 TL	Backpulver	1 Päckch.	0,07 €	
¼ ℓ	Milch	1 ℓ	0,79 €	
80 g	Butter	1 kg	3,56 €	
40 g	Zucker	1 kg	0,92 €	
200 g	Mandeln	100 g	1,79 €	
			Summe	

2. Führen Sie die Kostenkalkulation für den Verkauf pro Stück durch.

Materialkosten:

+ Gemeinkosten (130 %):

Selbstkosten:

+ Gewinn (20 %):

Nettoverkaufspreis:

+ Mehrwertsteuer (7 %):

Verkaufspreis:

Der Verkaufspreis

3. Berechnen Sie die Materialkosten für eine Rezeptur Crêpes mit Thunfischfüllung (8 Stück).

Menge	Lebensmittel	Einzelpreis in €		Endpreis in €
80 g	Mehl	1 kg	0,99 €	
2	Eier	10 Eier	2,49 €	
3 g	Salz	500 g	1,29 €	
5 g	Zucker	1 kg	0,92 €	
10 g	Rapsöl	0,500 ℓ	6,99 €	
70 g	Zwiebeln	1 kg	1,99 €	
200 g	Thunfisch	100 g	1,79 €	
150 g	saure Sahne	200 g	0,69 €	
1 g	Pfeffer	100 g	6,99 €	
			Summe	

4. Führen Sie die Kostenkalkulation für den Verkauf mit Service pro Stück durch.

Materialkosten:

+ Gemeinkosten (120 %):

Selbstkosten:

+ Gewinn (25 %):

Nettoverkaufspreis:

+ Mehrwertsteuer (19 %):

Verkaufspreis:

Der Verkaufspreis

2. Berechnung der Mehrwertsteuer

1. Ergänzen Sie den folgenden Satz.

Der gesetzliche Mehrwertsteuersatz

beträgt je nach der Art der Leistung

oder beim ermäßigten

Steuersatz

2. Berechnen Sie die Mehrwertsteuer bei dem Steuersatz von 19 % für folgende Nettopreise.

a) 330,90 €:

b) 28,50 €:

c) 89,90 €:

d) 44,80 €:

e) 66,50 €:

f) 1 111,90 €:

mit Service

ohne Service

3. Berechnen Sie die Mehrwertsteuer von 19 %, die in folgenden Endrechnungsbeträgen enthalten ist.

a) 223,00 €:

b) 614,00 €:

c) 111,00 €:

d) 24,00 €:

e) 132,50 €:

f) 67,50 €:

4. Berechnen Sie die Mehrwertsteuer bei dem ermäßigten Steuersatz von 7 % für folgende Nettopreise.

a) 66,60 €:

b) 4,80 €:

c) 56,80 €:

d) 12,60 €:

e) 44,50 € :

f) 88,90 €:

5. In einem Café in einem Seniorenheim kann Kuchen zum Mitnehmen oder zum Dort-Verzehr gekauft werden.
Erläutern Sie in einem kurzen Text, warum hier unterschiedliche Preise für den Kuchen verlangt werden können.

- Wird der Kuchen mitgenommen,

- Bei Dort-Verzehr

6. Für eine Übernachtung mit Frühstück soll eine Rechnung geschrieben werden.
Die Übernachtung kostet 70,00 € plus Mehrwertsteuer.
Das Frühstück kostet 10,50 € plus Mehrwertsteuer.
Über welche Summe lautet der Rechnungsbetrag?

Übernachtung:

Frühstück:

7. a) Ein kaltes Büfett für 465,00 € (Nettopreis) wird ohne Service Außer-Haus geliefert.
Welcher Steuersatz muss berechnet werden?

7. b) Berechnen Sie die aufzuschlagende Mehrwertsteuer und den Rechnungsbetrag.

7. c) Ermitteln Sie die aufzuschlagende Mehrwertsteuer und den Rechnungsbetrag bei Lieferung des kalten Büfetts Außer-Haus mit Service.

8. Das Buch „Lernfeld Hauswirtschaft" kostet im Buchhandel 51,60 €.
Für Bücher gilt der ermäßigte Steuersatz.
Wie hoch ist der Mehrwertsteueranteil an dem Bruttopreis von 51,60 € für das Buch?

3. Umrechnung von Währungen

Land	Währung	Zeichen	Kurs
Dänemark	Dänische Krone	DKK	7,44
Großbritannien	Pfund Sterling	GBP	0,75
Schweden	Schwedische Krone	SEK	9,40
Schweiz	Schweizer Franken	CHF	1,05
Japan	Yen	JPY	134,00
USA	US-Dollar	USD	1,15
Kanada	Kanadischer Dollar	CAD	1,40

$\frac{\text{Fremdwährung}}{\text{Kurs}} \triangleq \text{Euro}$ $\text{Euro} \cdot \text{Kurs} \triangleq \text{Fremdwährung}$

1. Ein Gast aus Dänemark möchte seine Rechnung über 175,00 € in dänischen Kronen bezahlen. Welchen Betrag muss der Gast bezahlen?

Der Gast muss

bezahlen.

2. Welche Währungen sind neben den Flaggen abgebildet?

a) ____________________

b) ____________________

c) ____________________

3. Rechnen Sie € in die angegebenen Währungen um:

a) 238,00 € in DKK

b) 144,00 € in USD

c) 85,00 € in CAD

d) 100,00 € in JPY

e) 364,00 € in GBP

f) 199,00 € in CHF

g) 350,00 € in SEK

4. Ein Schweizer Gast möchte den Preis für die Übernachtung in dem Gästehaus von Ihnen in Schweizer Franken umgerechnet bekommen. Der Preis für das Gästezimmer beträgt 60,00 €.

Der Preis für das Gästezimmer

beträgt

5. Sie tauschen in Schweden 180,00 € in schwedische Kronen um. Wie viel Kronen bekommen Sie?

6. In der Jugendherberge sind Gäste aus Japan. Diese möchten von Ihnen wissen, wie viel Euro sie für 1 000,00 JPY bekommen.

7. Sie tauschen in der Schweiz 250,00 € um und erhalten dafür 210,00 CHF. Zu welchem Kurs wurde das Geld gewechselt?

8. Für eine Reise nach Kanada will Heike Fix 300,00 € bei ihrer Bank eintauschen. Wie viel kanadische Dollar wird Heike Fix bekommen?

9. Die ausländischen Gäste in der Jugendherberge haben Lena Krüger Trinkgeld gegeben, und zwar:
15,00 DKK,
3,00 CHF und
250,00 JPY.
Wie viel Trinkgeld in Euro hat Lena Krüger bekommen?

10. Christian Hansen lebt in Sonderburg in Dänemark. Für einen Urlaub in Köln möchte er dänische Kronen in Euro umwechseln. Wie viel dänische Kronen muss Christian Hansen einwechseln, damit er 500,00 € erhält?

4. Summarische Zuschlagskalkulation

1. Berechnung des Verkaufspreises für ein halbes belegtes Brötchen.
   a) Berechnen Sie zunächst die Materialkosten für ein halbes belegtes Brötchen.

Zutaten	eingekaufte Menge	Preis in €
½ Brötchen	1 Brötchen	0,30 €
5 g Butter	250 g	1,80 €
50 g Schweinemett	100 g	0,88 €
20 g Zwiebeln	1 kg	2,99 €

Berechnung der Materialkosten:

$\frac{1}{2}$ Brötchen

5 g Butter

50 g Schweinemett

20 g Zwiebeln

Summe Materialkosten

Benutzen Sie für die weitere Berechnung des Verkaufspreises für das halbe Brötchen folgende Daten:

- Gemeinkosten: 130 %
- Gewinn: 20 %
- Mehrwertsteuer: 19 %

1. b) Berechnen Sie die Selbstkosten.

Gemeinkosten:

Materialkosten

Gemeinkosten

1. c) Berechnen Sie den Verkaufspreis.

Selbstkostenpreis

+ 20 % Gewinn

Nettoverkaufspreis

+ 19 % Mehrwertsteuer

Bruttoverkaufspreis

2. Ergänzen Sie die folgenden Sätze.

Der Selbstkostenpreis setzt sich zusammen aus:

Der Nettoverkaufspreis setzt sich zusammen aus:

Der Bruttoverkaufspreis setzt sich zusammen aus:

3. **Führen Sie eine Kostenkalkulation für ein Mittagessen durch:**
   Materialkosten: 4,90 €
   Gemeinkosten: 125 %
   Gewinn: 25 %
   Mehrwertsteuer: 19 %
   a) Berechnung des Selbstkostenpreises für das Mittagessen.

Gemeinkosten:

Die Selbstkosten

3. **b) Berechnung des Nettoverkaufspreises für das Mittagessen.**

Nettoverkaufspreis =

Der Nettoverkaufspreis

3. **c) Berechnung des Bruttoverkaufspreises für das Mittagessen.**

Bruttoverkaufspreis =

Der Bruttoverkaufspreis

4. **Führen Sie eine Kostenkalkulation für ein kaltes Büfett ohne Service durch.**
   Die fehlenden Daten legen Sie bitte selber fest.

Materialkosten: 750,00 €

Gemeinkosten: 130 %

Gewinn:

Mehrwertsteuer:

4. **a) Berechnung des Selbstkostenpreises für ein kaltes Büfett ohne Service.**

Der Selbstkostenpreis beträgt

4. **b) Berechnung des Nettoverkaufspreises für ein kaltes Büfett ohne Service.**

Der Nettoverkaufspreis beträgt

4. **c) Berechnung des Bruttoverkaufspreises:**

Der Bruttoverkaufspreis für das

kalte Büfett beträgt

Erstellen von Diagrammen (zu Seite 38)

Arbeitsauftrag:

1. Öffnen Sie ein neues Word-Dokument. Speichern Sie dies unter *diagramm*
2. Erstellen Sie **Stabdiagramme** zum Nährstoffgehalt von Lebensmitteln pro 100 g.
   Zander: Eiweiß 19 g, Fett 1 g, Kohlenhydrate 0,3 g
   Kartoffeln: Eiweiß 2 g, Fett 0,3 g, Kohlenhydrate 15 g
   Bananen: Eiweiß 1 g, Fett 0,2 g, Kohlenhydrate 15 g
   Vollmilch: Eiweiß 3,5 g, Fett 3,5 g, Kohlenhydrate 5 g
3. Erstellen Sie ein **Kreisdiagramm** zum täglichen Wasserverbrauch von Personen in Deutschland: Baden, Duschen 45 l, Toilette 34 l, Wäsche waschen 15 l, Geschirr spülen 7 l, Reinigen und Putzen 6 l, Kochen, Getränke 5 l und Garten 2 l.

Tipps zur Gestaltung:

Klicken Sie im Menüband auf *Einfügen* und in der Registerkarte *Illustrationen* auf *Diagramm*.
In dem neuen Fenster wählen Sie die passende Vorlage aus und klicken dann auf *OK*.

Nun überschreiben Sie in der rechten Tabelle die Bezeichnungen und die Zahlen.
Es erfolgen automatisch Änderungen in der Darstellung der Diagramme.

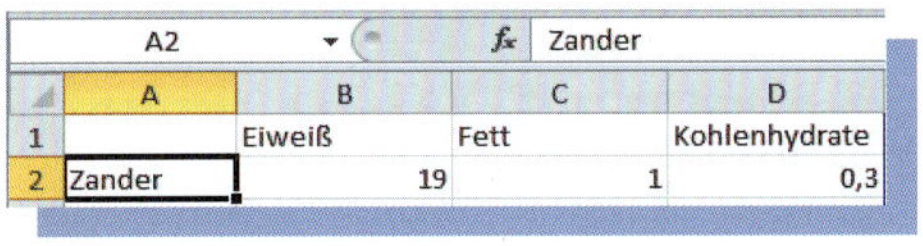

Falls die Diagrammtools nicht geöffnet sind, können Sie diese durch einen Doppelklick mit gedrückter linker Mausstaste auf das Diagramm öffnen.

Als Diagrammtools stehen folgende Optionen zur Auswahl: *Entwurf*, *Layout* und *Format*.
Unter *Entwurf* können Sie die Daten bearbeiten oder eine weitere Diagrammformatvorlage auswählen.

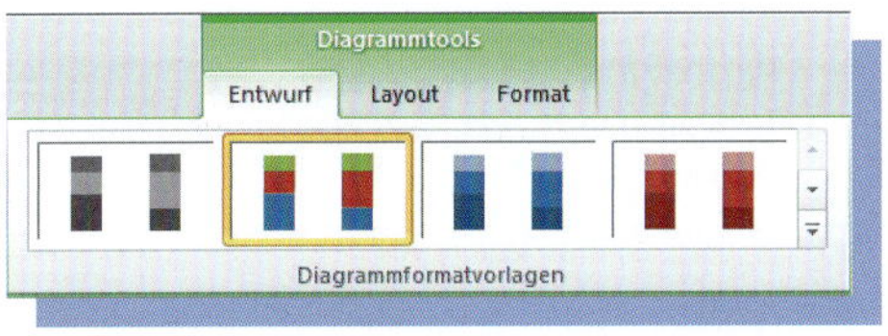

Unter *Layout* können Sie z. B. einen Titel – z. B. Wasserverbrauch – oder eine Beschriftung der Achsen auswählen.
Hier können Sie z. B. die Legende (Beschriftung) Eiweiß, Fett, Kohlenhydrate für den Nährstoffgehalt nach oben bringen.

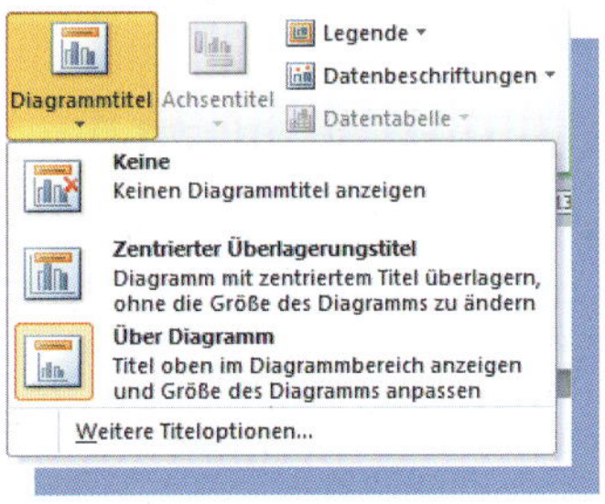

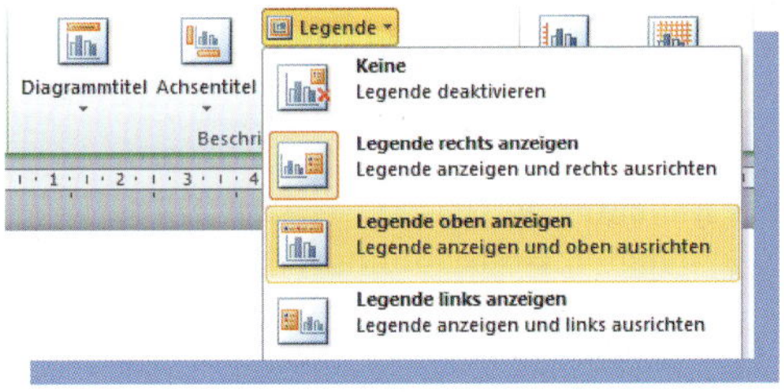

Unter *Format* können Sie z. B. die Farben der einzelnen Abschnitte der Diagramme verändern.
Hierzu markieren Sie den Abschnitt des Diagramms, dessen Farbe verändert werden soll, dann klicken in der Registerkarte *Formenarten* auf *Fülleffekt* und in dem Pulldown-Menü auf die gewünschte Farbe.

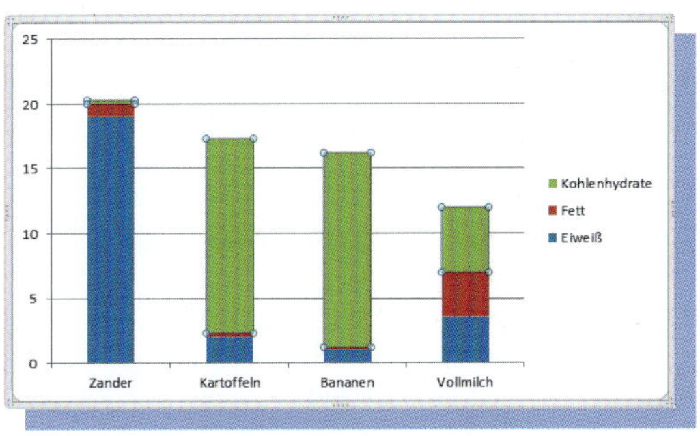

Sachwortverzeichnis